相続・事業承継に強い！
頼れる士業・専門家
50選

2022年版

編者　BMS 株式会社 実務経営サービス

三和書籍

はじめに

腹痛は内科医に、ケガは外科医に、相続問題は相続の専門家に

本書を手に取ってくださった方は、相続の悩みを抱え、誰に相談したらよいのか思案されていると思います。

相続の相談をするなら、その相手は相続の専門家にすることを強くお勧めします。なぜ相続の専門家に相談すべきなのか。ここではその理由についてご説明します。

相続の悩みはいろいろありますが、大きな悩みのひとつは税金、つまり相続税でしょう。そこで相続税を例に、相談相手の選び方をご紹介します（もちろん、相続の悩みは税金だけではありません。家や土地を相続したときの手続きや、親が借金を抱えていたときの対処方法などいろいろあります。しかし、ここでは分かりやすい例として、相続税を挙げさせていただきます）。

払いすぎた税金が戻ってくる?

相続税は税金ですが、税金の専門家といえば税理士です。ですから、相続税の悩みは、税理士の事務所である会計事務所であれば、どこに相談してもよさそうに思えます。しかし、本当に

そうなのでしょうか。

ホームページなどで「払いすぎた相続税が還付される可能性があります」と謳い、相続税の還付手続きを支援するサービスを提供している会計事務所を目にすることがあります。

そのような謳い文句を見ると、「本当にそうなの？」と思うでしょう。なぜなら、相続税を納めた人の大半は、専門家である税理士に手続きを依頼しているはずだからです。それにもかかわらず、相続税の還付を受ける人は実際に数多くいます。なぜでしょうか。

相続税が還付される仕組み

「税理士の数だけ相続税がある」といわれます。相続税は税理士のスキルによって計算される税額が異なる可能性が高いのです。なぜ、このようなことが起こるのでしょうか。

相続税を計算する基礎となるのは、相続財産の算出です。現金、預貯金、不動産、有価証券、生命保険、ゴルフ会員権など、さまざまな相続財産がありますが、税理士によって評価額が大きく異なるのは不動産です。

現金や預貯金の評価が税理士によって違うということはありませんが、不

図表1　相続税還付が可能な期間

相続開始日	法定申告期限日	更正の請求期限日
相続税申告期間 （10カ月）	**相続税還付が可能な期間** （法定申告期限日から5年間）	

動産の評価は税理士によってかなり違うのです。

不動産に詳しい方なら、路線価が相続税の算出の基礎となっていることはご存じでしょう。相続の対象となる土地の面積に路線価を掛けることで、その土地の評価が算出されます。これで何の間違いもありません。

その一方で、多くのケースで土地の評価を落とすことができ、それが見過ごされている場合が多いのです。相続税の還付手続きサービスは、この点に目をつけ、相続税を計算し直すのです。

形が不整形であったり、高低差があったり、規模が大きかったり、高圧線が通っていたりするなど、土地の評価が下がるケースはいくつかあります。そして意外と間違いが多いのが、小規模宅地の特例の適用誤りです。

小規模宅地の特例は、被相続人が生前居住していた自宅を、配偶者や同居する子供が相続した場合、その宅地の課税評価額を80％減額できるなど、節税効果が極めて高い特例です。

しかし、例えば被相続人が施設に入居していても適用できる場合や、被相続人と生前同居していなくても持ち家がなければ適用できる場合があるなど、制度が複雑です。さらに毎年のように改正されることから、適用誤りが多く見られます。この制度は節税効果が高いことも相まって、ちょっとした誤りが大きな影響を与えてしまいます。

また、商売繁盛を祈願してお稲荷さんの祠が庭にあるという商家も珍しくありません。宗教的な施設として、この部分については課税を免れるケースもあります。

「そんなことを知っても、相続税を払ってしまってからでは遅いですよね」

いいえ、そのようなことはありません。相続税法には更正の請求ができると定められています。相続税の申告期限から5年以内であれば、払いすぎた税金の還付を求めることができます。

ただし、相続税の申告期限から5年を経過すると、どんなに誤りがあったとしても還付を受けることが難しくなるため注意が必要です（**図表1**）。

図表2　税理士ひとりあたりの年間相続税申告件数

年間相続税申告件数 約11.5万件	÷	登録税理士数 約7.9万人	≒	税理士ひとりあたりの年間相続税申告件数 約1.45件

参考資料：国税庁ウェブサイト「令和元年分　相続税の申告事績の概要」（令和2年12月）
日本税理士会連合会ウェブサイト「税理士登録者・税理士法人届出数」（令和3年2月末現在）

相続税の申告経験が豊富な税理士は意外に少ない

　相続税の申告は税理士業務のなかでも特殊な分野で、経験豊富な税理士はごく少数です。経験豊富な税理士が少ない一番の理由は、会社の税務顧問や所得税の確定申告の数と比べて、相続税申告の総数が少ないためです。

　これは国税庁などの統計情報からも明らかとなっており、年間の相続税申告件数を税理士の総数で割った値は約1.45件となっています（図表2）。つまり、相続税の申告を1年間に1件くらいしか扱わない税理士が大半なのです。

　お医者さんにも外科、内科、皮膚科、耳鼻科といった専門分野があるように、税理士にも法人税、所得税、消費税、相続税といった専門分野があります。

　腹痛なら内科医に、ケガなら外科医に診てもらうように、相続税の問題は相続税専門の税理士に相談すべきなのです。相続税専門の税理士に相談することには、次のような極めて大きなメリットがあります。

①相続税の節税ができる

　相続税専門の税理士に依頼する大きなメリットのひとつが、相続税の節税です。相続税申告は数多くの特例や、複雑な土地の評価基準、各種財産の評価方法に至るまで、専門的なノウハウや経験、そして知識が重要になります。例えば土地評価ひとつを考えても、評価する税理士によって数千万円の差が生じることも少なくありません。

②税務調査を回避しやすくなる

　相続税の税務調査が入ると、調査官からプライベートな質問を受け、家屋内から家族の銀行預金まで調べられることがあるので、精神的負担が大きく、調査はなるべく回避したいものです。実は相続税申告書には、税務調査に入られにくい作り方というものがあります。相続税に強い会計事務所には、そのような申告書を作るノウハウがあり、税務調査を受ける可能性を大幅に軽減できるのです。

相続問題の相談は相続の専門家に

相続のときに問題になるのは税金のことだけではありません。

例えば、遺産の分割方法を巡り、親族同士が泥沼の争いになるというのはよく聞く話です。このような問題は一度もめると長引き、当事者同士で解決することは容易ではありません。

しかし、このようなときに弁護士が間に入れば、法的根拠にもとづき状況を整理し、各当事者が納得できる結果が得られる可能性が高くなります。特に、遺言を巡るトラブルや、後妻や連れ子への相続といった、解決が容易ではない問題の解決には、弁護士のような専門家の助けが大きな力となるでしょう。

こうした問題の相談も、実績が豊富な法律事務所に依頼したほうがよいことはいうまでもありません。

このように、相続に関する問題は、相続支援を得意とする税理士や弁護士、司法書士などの、相続に強い士業・専門家に相談するのがベストです。

本書について

本書は、相続の悩みを抱える方のために、相続に強い士業・専門家を紹介することを目的に制作されました。

本書の編者である株式会社実務経営サービスは、会計事務所向けの経営専門誌「月刊実務経営ニュース」を20年以上発行している会社です。同誌発行のため、会計事務所や司法書士事務所、法律事務所などを年間200事務所以上取材しており、取材活動を通じて、全国の士業事務所や専門家とのネットワークを築いています。

本書の制作にあたっては、実務経営サービスのネットワークのなかから、相続支援を強みとしている士業・専門家を選定し、掲載を要望しました。

本書の使い方

本書は2部構成になっています。第1部では、相続・事業承継に強い50の士業・専門家を紹介しています。

各士業・専門家の特徴を分かりやすく整理してありますので、よく読んでご自分に合ったところを選び、気軽にお問い合わせください。

そして第2部では、相続に関する基礎的な知識について解説しています。

本書で紹介した士業・専門家は、いずれも相続の知識がなくても対応してくれますが、第2部をあらかじめ読んでおいていただくと、意思の疎通が円滑になるでしょう。

相続・事業承継に強い！ 頼れる士業・専門家50選 2022年版　目次

関東

東海

信越・北陸

近畿

第1部

相続・事業承継に強い！
頼れる士業・専門家50選

ここでは、相続・事業承継の相談に乗ってくれる50の士業・専門家を紹介します。各士業・専門家の特徴を整理してまとめてありますので、紹介文をお読みいただき、自分に合ったところを見つけてください。

相続を「争族」にしないための事前対策を重視
節税だけでなく相続後の問題もカバーする全体最適の提案が強み

税理士法人三部会計事務所

三部吉久代表

相続案件に精通するスタッフの皆さん

税理士法人三部会計事務所（福島県郡山市）は、開業から57年目を迎える老舗会計事務所。企業の健全な成長を支えるため事業承継のサポートに重点を置き、年間50件の相続案件もこなしている。相続では遺産分割が最重要との観点から、遺言書作成や生前贈与などの生前対策を重視し、相続が円満かつスムーズに進むよう顧客の事情に合わせた提案を行っている。

経営者のよき相談相手として
事業承継を重点的にサポート

　税理士法人三部会計事務所は、6名の税理士を含む総勢68名のスタッフが所属。社会保険労務士事務所やコンサルティング会社などグループ企業6社を有し、グループ全体では100名超のスタッフがそれぞれの専門分野を担っています。

　当事務所のお客様は、創業当時からお付き合いのある企業や起業を志す若者な

ど幅広い層の方々です。「経営者のよき相談相手となり、企業の健全な成長をサポートする」というポリシーを掲げ、事業承継を重点的にサポートしています。

遺言書作成や生前贈与など
生前対策を重視

　当事務所は、顧問先の相続対策や相続手続きに加え、関連士業や不動産会社、既存のお客様から紹介されたケースも含めると、年間約50件の相続案件を扱っ

ております。

　なかでも、相続においては「遺産分割」が最重要という考えのもと、遺言書作成や生前贈与などの生前対策を重視し、お客様の相続がスムーズに行えるよう心がけています。

　当事務所の経営理念に「全体最適」という言葉がありますが、相続においても税金だけに着目せず、お客様の将来の幸せの実現と全体最適を目指した提案をさせていただいております。

円満な相続の実現に向け 相談者の想いを汲んだ対策を提案

　当事務所の大きな特徴は、「相続」が「争族」にならないよう、円満な相続を目指していることです。

　まずは、自分の財産や家族の状況を正しく把握することが、相続対策の第一歩です。相続について考えるとき、相続税の節税対策はもちろんですが、「争族」にならないための遺産分割対策、納税をどうするか、二次相続以降のこと、相続後の遺族の生活、心の問題など、総合的

に検討したうえでの判断が必要となります。

　遺言を作成する際には、単に財産の分け方を決めるだけではなく、想いを伝えることが非常に大事です。当事務所では個々の家庭の事情に合わせて、想定される状況に対応できるようご提案いたします。

無料の相続相談窓口を設け ベテランスタッフが丁寧に対応

　当事務所は相続相談窓口を設置しており、ベテランスタッフがお客様の相談にお応えしています。

　相続を初めて経験される方のご相談にも丁寧に対応し、わかりやすくご説明するように努めています。初回相談は無料ですので、ぜひお気軽にお問い合わせください。

　親族間の争いのない、円滑な相続を実現するためにも、まず相続事前対策の相談に訪れていただくことを強くお勧めしています。

税理士法人三部会計事務所
代表者：三部　吉久（税理士／東北税理士会郡山支部）
職員数：68名（税理士6名）
所在地：〒963-8023　福島県郡山市緑町16番1号
ホームページ：https://www.sanbe.co.jp
相続相談窓口：電話 024-922-1300
メール info@sanbe.co.jp

スマホでアクセス！

相続事前対策に注力する総合会計グループ
「争族」対策、納税資金対策、節税対策を広い視野で提案

税理士法人 日本アシスト会計
日本アシスト会計グループ

佐々木忠則代表

日本アシスト会計グループのスタッフの皆さん

日本アシスト会計グループは、北海道札幌市に拠点を構える会計事務所。「争族」を未然に防ぐ相続事前対策に力を入れており、広い視野で顧客を取り巻く状況を調査し、財産を次の世代に円満に受け渡す方法を提案する。

北海道の個人・法人に高度な支援サービスを提供

日本アシスト会計グループは、税務署OBである税理士忠鉢繁造と、財務コンサルティング会社代表である税理士佐々木忠則が立ち上げた総合会計グループである。現在は税理士桑畑典義と共に税理士法人化し、2020年11月には税理士法人日本アシスト会計 森村事務所支店を開設している。

佐々木代表は大学卒業後すぐに会計事務所に勤務し、相続税の申告はもちろん、個人・法人の税務申告の経験が豊富。自ら会社経営、不動産賃貸業の経験を持ち、不動産を活用した財産形成にも詳しく、相談者の評価は高い。

当事務所は毎月訪問する関与先が数百件に及び、多様な業種を支援した実績を持つ。会計・税務はもちろん、資金調達、経営改善指導、事業承継支援、M&Aなどの支援も行っている。税務を中心とした幅広い知識を活用し、お客様の思いを重視した支援を行っており、相続の支援に関しても、お客様の気持ちを大切に支援している。

広い視野で財産を次の世代に円満に受け渡す

当事務所は相続の事前対策に力を入れている。「争族」対策、納税資金対策、節税対策の3つを考え、お客様の相談事情に合わせ、柔軟な提案をしている。また、事前対策の大切さを知っていただくため、相続のセミナーや個別相談会を随時行っており、講師の依頼も大変多い。

佐々木代表は、相続に深く関係する相続税・贈与税だけでなく、他の税についても考慮し、お客様にとって最良の方向性を見いだし、財産を次の世代に円満に渡せることを心がけ、お客様に支援をしている。

ちまたでは、「税務調査が入ると、税金をさらに持っていかれる」といわれている。相続の税務調査は名義預金と財産評価が中心になるので、当事務所では申告後の調査で追徴税がないように、これらを事前に調査確認したうえで相続税の申告をしている。

さらに、適正な申告であることを税理士が保証する税理士法第33条の2の書面の添付をしている。これにより、税務署が申告内容を確認するときは、まず税理士に意見聴取をし、そのうえで税務調査の必要がないと判断すれば調査をしないことになる。

当事務所が行った申告では、近年この意見聴取だけで済んでいるケースもある。こうした追徴のない申告業務は、安心して頼れる税理士として地元の金融機関の方からも高い評価をいただいている。

急な相談にも対応する相続相談窓口を設置

当事務所は、相続相談窓口を設置しています。相続で困ったことがありましたら、お気軽にお問い合わせください。初回は無料にてご対応いたします。

急なご相談にも対応できる電話窓口も設置しています。当事務所のホームページには、お問い合わせフォームもご用意しています。

日本アシスト会計グループ（相続支援センター）

代表者：佐々木忠則（税理士／北海道税理士会札幌北支部）
職員数：24名
本店所在地：札幌市北区北31条西4丁目1番2号
支店所在地：札幌市中央区南1条西7丁目12　都市ビル6階
ホームページ：http://www.assist-kaikei.co.jp/
相続相談窓口：**本店 011-727-5143**　**支店 011-231-5835**
　　　　　　緊急時 090-3393-3050

スマホでアクセス！

大手コンサルティングファーム出身のプロフェッショナル集団
相続関係のワンストップサービス、組織再編行為などの高度な提案が特長

アイユーコンサルティンググループ

岩永 悠社長（右）と
出川裕基副社長（左）

アイユーコンサルティンググループの皆さん

税理士法人を中核に、全国7拠点を展開するアイユーコンサルティンググループ。所属する税理士全員が資産税分野の専門家として、組織再編税制を活用した高度な提案や相続関係の手続きを迅速に処理するワンストップサービスを提供している。

大手コンサルティングファーム 出身者が多数在籍

当事務所は2013年に岩永悠税理士事務所として創業し、2015年に税理士法人アイユーコンサルティングに改組しました。2019年以降はグループ化に着手し、株式会社IUCG、株式会社アイユーミライデザイン、アイユー公認会計士事務所、アイユー行政書士事務所を設立。2021年7月現在、税理士21名、公認会計士2名を含む総勢86名体制で運営にあたっています。

所属する税理士の多くは、資産税分野（相続税申告、相続対策、組織再編など）に特化した大手コンサルティングファームの出身者です。分かりやすさとスピーディーな対応を信条に、お客様の財産を最大限に守るご提案をしています。

これまで手がけた累計案件数は 2,000件以上

代表の岩永は、大手コンサルティン

グファームで富裕層向けの資産税・事業承継コンサルティングや相続税申告を年間30件以上手がけ、これまで取り扱った案件は500件以上にものぼります。所属する税理士も大手コンサルティングファームで幅広い業務経験を積んできたプロフェッショナルばかりです。

お客様はもちろん、銀行や証券会社などの金融機関や税理士を含む士業の方からも高い評価をいただいており、その証拠に、2020年の相続・承継案件の取扱件数は515件、累計案件数は2,000件以上と全国トップクラスの案件数を誇ります。

大型相続案件の実績も多数

アイユーコンサルティンググループでは、財産総額が10億円を超える大型案件の取り扱い実績も豊富です。中堅・中小企業のオーナー様、不動産オーナー様の財産構成は自社の株式や不動産の占める割合が多いことから、財産額が大きくなるにつれ相続税の納税額も多額になる傾向にあります。納税資金

確保が重要項目のひとつになるので、当事務所では納税資金確保対策から税務調査対策まで一貫してサポートできるようチーム体制をとり、万全の対策を講じて対応しています。

また、大口を除いた相続税申告における税務調査率も非常に低く、その割合はわずか1％です。節税対策を行ったある申告書に対して、税務署の資産税の担当官から「こんなに綺麗で分かりやすい申告書は初めて」と言われたほど、品質の高い申告書作成に力を入れています。

どんなに節税効果の大きい対策や申告を行っても、最終的に税務署に否認されては意味がありません。また、資産を隠して申告したり、知らずに申告漏れが生じてしまうと、結果として大きな代償（ペナルティ）を支払うことになってしまいます。

今後も「高付加価値サービスを提供するプロフェッショナル集団」として専門性の高い業務を提供して参りますので、安心してお任せください。

資産税の専門部署を設置して最新の税法にも対応
事前相談と綿密なヒアリングによりスムーズな相続を支援

税理士法人青山アカウンティングファーム
青山アカウンティングファームグループ

松本憲二代表

税理士法人青山アカウンティングファームは、東京都港区に拠点を構える会計事務所です。開業して35年、お客様や金融機関からの多種多様なニーズに応えるべく資産税戦略室等の専門部署を設置し、お客様との対話を重視したきめ細かいサービスを提供しています。相続税申告に限らず、事業承継や相続対策、資産運用など総合的に支援できる体制が強みとなっています。

海外を含む幅広いネットワークを持つ会計事務所

　税理士法人青山アカウンティングファームは、代表の松本憲二が1987年に開業した会計事務所です。松本を含む8名の税理士が所属し、スタッフの総勢は約30名です。TKCや金融機関、住宅メーカー、弁護士・社労士・司法書士などとの幅広いネットワークは海外にまで及んでおり、海外に進出する中小企業のお手伝いもさせていただいております。また、近年は非居住者の方からのご相談も増加しております。

相続の専門部署を設けて多岐にわたるニーズに対応

　当事務所のお客様は、中堅・大企業から個人事業主まで幅広く、業務内容も連結納税、海外支援、税務会計支援など多岐にわたります。

　中小企業の経営者様およびご親族等からの将来的な相談に対し、相続の生前対策や

事業承継などさまざまな対策を検討・提案し、相続税申告も数多く行ってきました。

また、相続税の基礎控除額の縮小による税制改正に伴い、専門部署として「資産税戦略室」を設置し、提携金融機関や住宅メーカーの税務相談員も務め、富裕層の相続税対策や事業承継対策も積極的に行っております。

2020年中は相続対策、事業承継、法人化など約70件の案件に対応し、直近では市街地再開発事業に関する相続税申告のご相談および資金計画・コンサルティングサポートを行うなど、さまざまなお客様やご紹介いただいた金融機関から納得、信頼をいただいています。

生前対策や事業承継対策の提案が強み

当事務所の相続分野の業務は、相続税申告だけではありません。生前からの相続および事業承継対策の提案を強みとしています。法人顧問契約を結んでいる中小企業の経営者様はもちろん、金融機関等からご紹介を受けたお客様からの相談に対し、自社株の評価や現状での財産の把握、相続税の試算を入り口として、継続的な生前対策や事業承継対策を提案しております。お客様と共に考え提案して参りますので、より実感性の高い対策をご提供できます。

さらに当事務所は資産税に精通した国税局出身の税理士とも提携しておりますので、より盤石な体制でのご提案が可能です。

事前相談とヒアリングにより円滑な相続・承継をサポート

当事務所は事前相談を重視しております。主なご相談内容は「相続税の申告」、「相続対策」および「事業承継」ですが、ご相談者へのヒアリングの結果、当初の相談内容（例：相続税申告）とは別に検討すべき事項（例：二次相続、自社株、事業承継の事前準備等）が顕在化することも多く、事前相談により承継が円滑に進んだケースも多々あります。初回のご相談は無料ですので、お気軽にお問い合わせください。

税理士法人青山アカウンティングファーム
代表者：松本 憲二（税理士／東京税理士会 麻布支部）
職員数：30名（うち税理士8名）
所在地：〒107-0062 東京都港区南青山2-13-11 マストライフ南青山ビル6階
ホームページ：https://www.aoyama-af.or.jp/
相続相談窓口：電話 03-3403-8030
メール shisanzei.aoyama@tkcnf.or.jp

スマホでアクセス！

底地の有効活用を得意とする地主のための不動産会社
状況に合わせて選べる3つのサービスで地主層の土地活用に強み

株式会社アバンダンス

中川祐治代表

株式会社アバンダンス（東京都千代田区）は、中川祐治氏が代表を務める地主専門の不動産会社。一筋縄ではいかない貸宅地（底地）の買い取りや、借地人への底地の売却を行うコンサルタント業務等において、多数の実績を有する。

地主さん専門の不動産会社
代表の著書は好評につき重版

株式会社アバンダンスは、代表の中川祐治が2011年に創業した、地主さん専門の不動産会社です。中川の豊富な実績とノウハウで、借地権が設定された貸宅地（底地）に対し、売却現金化や等価交換等による有効活用を承ります。誠実でマメな仕事ぶりと迅速な行動力で信頼を重ね、ほとんどのお客様を、士業事務所、金融機関、大手ハウスメーカーからご紹介いただいています。

2020年10月、豊富な実績とノウハウを詰め込み出版した『底地・借地で困ったときに最初に読む本』（クロスメディア・パブリッシング刊）は、重版されるなど、地主さんや士業の先生方から大変好評をいただいています。

自社買い取り・売却コンサル業務の
実績多数 目標を上回る現金化も

弊社では、20人近い借地人さんに貸し付けた約1,000坪もの貸宅地（底地）の自社買い取りをはじめ、土地賃貸借契約書がない、借地人さんとトラブルがある、借地人さんが行方不明で廃屋が残されているな

ど、様々な底地の自社買い取りを行った実績があります。

また、借地人さんへの底地売却を請け負うコンサル業務においても、多数の実績があります。過去に、同業者が先に手掛けて撤退した売れ残りの底地で、目標3,000万円に対し、8,000万円超の現金化に成功した例もあります。

昨今では、お寺や神社からのご依頼も承るなど着々と実績を積み重ねています。

状況に合わせて選べる
3つのサービスを展開中

弊社の主なサービスは、①借地権が設定された貸宅地（底地）の自社買い取り、②底地の売却現金化・等価交換等のコンサル業務、③入居者のいる老朽アパートの建替え支援です。①は短期間で現金化が必要な地主さんに、②は時間的余裕があり、じっくりと計画を立てて、現金化や土地活用が可能な地主さんに、③は相続対策でアパートを建て替えたい地主さんに、それぞれお勧めしています。

業界では、①の提案だけを強く勧める傾向にある中、弊社の②のコンサル業務では、借地借家法や不動産取引に強い弁護士、遺言や家族信託に強い司法書士、狭い私道と複雑な借地境の境界確定に強い土地家屋調査士等の専門家チームと連携し、底地の有効活用等に力を入れています。

まずは担当の士業、金融機関、
ハウスメーカー等を通じて相談を

弊社へのご相談は、お付き合いのある税理士さんや金融機関、ハウスメーカー、保険会社等を通じて行っていただくとスムーズです。ご担当者様に、「『アバンダンス』に底地の件で相談してみたい」とお伝えください。初回相談は一切無料です。また、直接電話かメールでもお受けしておりますので、お気軽にご連絡ください。

また、弊社代表の著書『底地・借地で困ったときに最初に読む本』をご一読いただくと、多くの地主さんに好評いただける弊社の取り組み等がより詳しくお分かりいただけることと存じます。

 ← 無料の試し読み

昭和58年創業時から資産税（相続税・贈与税・譲渡税）を専門に
税務署に迎合することなく「戦う税理士」として知られる

税理士法人 安心資産税会計

高橋安志代表

セミナーの講師を務める高橋代表

税理士法人安心資産税会計（東京都北区）は、高橋安志税理士事務所を前身とする資産税に特化した会計事務所。平成21年1月に法人化し、現在に至る。

資産税案件の相談多数

　税理士法人安心資産税会計には、毎日のように金融機関、大手の有名な建設会社、不動産会社から、資産税の相談が電話、メール、FAX、来社などで寄せられます。

　また、当社の手がける書籍、新聞記事、テレビCMを見たり、他の資産家から紹介を受けた資産家がご相談にいらっしゃいますので、5つある応接室が満室になることもしばしばあります。

税務調査完全対応

　相続税等の税務調査は、納税者からすると、できればないほうがよいでしょう。税務調査が少ないことを自慢している税理士も散見されますが、税務調査がないということは、場合によっては高めの評価等で申告しているからかもしれません。

　当社は過去の経験値等から許される範囲内で最大限の評価減をして申告しますので、税務調査は国税当局の公表値（10％〜20％）程度ありますが、

評価額で妥協（修正申告書を提出）することは一切しません。調査には代表の高橋が立ち会い、税務署員と論争しますので安心してください。

研修会頻繁開催

①第3土曜会午後の部（14:00 ～ 18:00）：平成5年10月から毎月主宰している資産税研究会（内部＆外部の税理士約30名参加）

②第3土曜会午前の部（10:00 ～ 12:00）：内部の研修会

③月初め研修会午後の部（15:30 ～ 17:30）：内部の研修会

　講師：元国税庁資産評価企画官
　　　　元国税庁2名
　　　　元国税庁資産課税課譲渡担当

④毎週水曜日1時間研修会

⑤スタッフを外部の研修会に積極的に参加させています。

田中角栄いわく…

　上記の研修会を重ねても回答の出ない事例が、資産税にはたくさんあります。

　田中角栄いわく「世の中は白と黒ばかりではないよ、灰色が一番多いんだよ」。

　当社は灰色部分を理論武装して白にする努力をしています。

　税務署には相談はしません。脱税は絶対にしません。

税理士法人 安心資産税会計

代表取締役社長：高橋安志（税理士／東京税理士会王子支部）
職員数：グループ28名（税理士7名）
所在地：〒115-0045 東京都北区赤羽1-52-10 NS2ビル5F
URL https://www.souzoku-ansinkaikei.com/
専門書籍出版：累計32冊（小規模宅地特例／配偶者居住権／相続トラブル／居住財産の
　　　　　　　譲渡特例／相続後空き家譲渡特例 等）
テレビ出演：平成27年8月31日 TV朝日「モーニングバード」
　　　　　　TV埼玉・千葉TV・TV神奈川の「マチコミ」で準レギュラー生出演
テレビCM（四代目三遊亭圓歌師匠）提供：月曜日 TBS 5：30 ～ 5：59
　　　　　　　　　　　　　　　　　　　　木曜日 TV埼玉 22：00 ～ 22：30
　　　　　　　　　　　　　　　　　　　　日曜日 TV埼玉 6：00 ～ 6：30
　　　　　　　　　　　　　　　　　　　　高校野球埼玉予選全試合
新聞：朝日新聞「頼りになる相続のプロ50選」最上段の最左に紹介（毎年3月・9月）
　　　日本経済新聞でも紹介（毎年4月・7月・9月）
相続相談窓口：電話 0120-430-506

スマホでアクセス！

多様な専門家が所属する総合事務所グループ
相続のさまざまな問題をワンストップで解決する総合力が強み

さいとう税理士法人
SAITO ASSOCIATES

齊藤司享代表

さいとう税理士法人のスタッフの皆さん

さいとう税理士法人は、東京都大田区に拠点を構える総合事務所グループSAITO ASSOCIATESの中核となる会計事務所。田園調布の資産家の支援を多く手がけており、相続支援に関する高度なノウハウを蓄積している。

多様な専門家が所属する 総合事務所

SAITO ASSOCIATESは、昭和27年6月に先代の齊藤監太朗により創業されました。現在は、さいとう税理士法人、さいとう経営センター株式会社、株式会社サンガアソシエイツ、株式会社ベネフィックスエフピー、サンガ行政書士法人の5社で運営されています。

当グループには、税理士4名が所属しており、総勢48名の人員で、お客様がワンストップでなんでも相談でき

る事務所を目指しています。

田園調布の資産家の支援で 高度なノウハウを蓄積

さいとう税理士法人が所属する雪谷税務署は田園調布を管轄しているため、当事務所は相続案件に対応することが多く、1年で40件程度の申告案件を取り扱っています。

専門部署である相続コンサルティング部は現在6名の人員で活動しており、そのなかには通常の税務を扱わないFPの専担者も2名います。

事後の相続税の申告だけでなく、相続仮計算やライフプランの作成、相続事前対策も手がけています。FPの会社であるベネフィックスエフピーは宅建業者の免許を持ち、建築に関しても大手業者と提携しています。また、遺言書の作成や遺産分割協議書の作成、相続後の名義書き換えにはサンガ行政書士法人がお手伝いをさせていただきます。

書面添付制度を導入する
税務調査に強い事務所

当事務所の大きな特徴は、相続税申告書の全てに書面添付制度を導入していることです。書面添付制度では、申告書の正しさを税理士が保証するため、税務調査が入る可能性が大きく下がります。

申告書の作成にあたっては、預金の通帳などは生前贈与加算の3年分だけでなく、保存されているものを全てお預かりして、贈与に関するものまで丁寧にチェックします。また、専用のチェックリストを使用して、担当者だけでなく、代表を含めた2名が内容をチェックします。判断に迷う案件に関しては、顧問になっていただいている元国税不服審判所所長の税理士や、相続に強い弁護士に判断を仰いでいます。

相続専門の相談窓口で
初めての相続にも丁寧に対応

当事務所は、雪谷・池上相続税申告相談室という名称で、相談窓口を設置しています。相続を初めて経験される方のご相談にも丁寧に対応し、分かりやすくご説明するように努めています。初回相談は無料ですので、ぜひお気軽にお問い合わせください。

親族間の争いのない円滑な相続を実現するためにも、相続の事前対策や遺言書の作成を強くお勧めしています。

北海道・東北

東京

関東

東海

信越・北陸

近畿

中国・四国

九州・沖縄

さいとう税理士法人

代表者：齊藤司享（東京税理士会雪谷支部）

職員数：48名

所在地：〒145-8566
東京都大田区南雪谷2丁目20番3号

ホームページ：http://bene-sa.co.jp/

相続相談窓口：TEL 03-3727-6111　FAX 03-3720-3207

スマホでアクセス！

創業したての企業から上場企業まで対応
総合的な経営支援で企業の相続・事業承継を支援する

G.S.ブレインズ税理士法人
G.S.ブレインズグループ

近藤浩三代表

2つの承継と相続をワンストップで対応

財産の承継
自社株評価・移動
事業承継税制、M&A

財産評価、遺言書作成
贈与・相続税申告

×

経営の承継
経営理念再構築
ビジネスモデル再構築
中期経営計画
社員育成評価制度
経営のPDCAサイクル構築

G.S.ブレインズグループ

G.S.ブレインズ税理士法人（東京都千代田区）は、近藤浩三税理士・木村行宏税理士が代表を務める税理士事務所。企業を成長させるための総合的な経営支援を行う。相続・事業承継の実績も多く、後継者のためのPDCAサイクルの運用や勇退した先代経営者の相続対策までデザインして提案する。

創業したての企業から
上場企業まで、幅広く支援

　G.S.ブレインズ税理士法人は、グループ代表の近藤浩三が1993年に開業した税理士事務所です。事務所には、53名（税理士8名、税理士試験合格者2名、グループ総勢65名）のスタッフが所属しています。特に相続・事業承継の専門部には、経験豊富なスタッフが所属しています。

　当事務所では、首都圏を中心に、創業したての企業から上場企業まで、さまざまな規模のお客様をご支援しています。業種は、サービス業、小売・飲食業、IT関連企業が多いです。成長したいと強く願うすべてのお客様を、グループ全体で力強くサポートいたします。

相談は毎年100件以上
後継者不在の事業承継にも対応中

　G.S.ブレインズは、「お客様の成長を支援する」を経営理念としています。当事務所の特長は、税務・会計から財務コンサルティング、経営コンサルティングまで、経

営者のさまざまな相談にワンストップで対応できる点です。

相続・事業承継を含めて、毎年100件以上のご相談をいただいています。

最近は、中小・零細企業での後継者不在の問題にも対応しています。親族内承継、親族外承継、外部からの招聘、M&Aといった複数の選択肢から、「会社にとって何が良いのか」を考えます。

相続の相談は、顧問先の経営者をはじめ、その親族やお知り合い、役員・社員からいただくことも増えています。

「2つの承継」から 勇退後の対策までデザインする

G.S.ブレインズの大きな特長は、自社株の移動など「財産の承継」と、後継者の育成など「経営の承継」の2つを並行して対応できることです。経営者は、2つの承継が完結することを望んでいますので、これらをまとめたグランドデザインを考え、総合的な事業承継対策を提案します。

特に経営者の一番の心配事は、「後継者に経営を任せられるか?」という点ですので、経営のPDCAサイクルを構築し、後継者と経営幹部が運用するところまで支援します。

また、経営者の勇退後の相続対策もグランドデザインに盛り込み、生涯にわたるお付き合いをいたします。

初回個別相談は無料 簡易シミュレーションは オンラインで全国に対応

G.S.ブレインズは、相続・事業承継の経験豊富な専門部がご相談に応じます。初回の個別相談・簡易シミュレーションは無料です。「何か対策したほうがいいのかな」といった、初期段階のお悩みでも、私どもの質問から新たな気づきや方向性が見えてきたなどの声をいただいております。

相続・事業承継対策は、ある程度の時間が必要です。対策に使える時間が長いほど、ベターな提案ができます。ぜひ一度お気軽にお問い合わせください。オンライン相談では、全国のお客様からの個別相談や簡易シミュレーションなどに対応しております。

G.S.ブレインズ税理士法人 (G.S.ブレインズグループ)

代表者:近藤浩三 (税理士/東京税理士会神田支部)
　　　　木村行宏 (税理士/東京税理士会神田支部)
職員数:53名 (税理士8名、税理士試験合格者2名)
所在地:〒101-0064　東京都千代田区神田猿楽町2-6-10　Daiwa猿楽町ビル1F
ホームページ:https://zeimu.seityo-sien.com/
相続相談窓口:電話 03-6417-9627　メール info@brains-inc.co.jp
Zoomなどオンラインでもご相談を受け付けております。

スマホでアクセス!

著名人や無人島の相続など幅広い実績あり
生前の相続対策から税務調査の支援まで対応する

鈴木康支税理士事務所

鈴木康支代表

「チームラボット」の皆さん

鈴木康支税理士事務所（東京都新宿区）は、鈴木康支税理士が代表を務める事務所。税務署ＯＢである父から税務調査の対応のノウハウを引き継ぎ、暦年贈与の否認や推計課税への対策を強みとする。病によって自らの死を意識した経験から、より一層、相続問題の解決に注力している。

死を意識したからこそ
相続問題の解決支援に全力

2018年2月、私は肺炎に冒され、心肺停止となって生死をさまよいました。家族や入院先の医師らによる手厚い看護や介添えのおかげで無事に生還することができましたが、自らの死を半ば経験した税理士です。

このときの経験から、相続問題でお困りの方を支援することに、より一層、力を注ぐようになりました。

元来、私どもが得意とする業務は、事業融資、特に創業融資の支援です。数多くの企業経営者様に、その支援内容やサービスを高く評価していただいています。

ただ、先の経験や現在のコロナ禍という状況に鑑み、私どもの知見やノウハウが、相続や事業承継問題で悩まれている方々の一助となれば幸いです。

土地の評価で
多数のお客様から喜びの声も

著名人や無人島の所有者など、さまざまなお客様の相続手続きを経験しながら、相

続の問題で悩みを抱える方々の支援を行ってきました。

また、土地の評価を下げるため、私どもは、徹底した資料手配や実測を重要ポイントと定めています。この取り組みによって、お客様から感謝やお喜びの声を多数いただいています。

また、必要な資金を準備するために、相続が発生する前に保険を活用するアドバイスやサポートも、ご好評いただいています。

その他にも、代襲相続の資金作り、相続手続きの代行、そして一般には難しいとされる暦年贈与のご相談も承ります。

"税"にまつわる恵まれた家筋で お客様の税務調査を支援

相続税の税務調査の際、税務署は、税金の額を推定し決定する「推計課税」を持参します。これに対し、私どもは、年の生活費からお客様の資産をあらかじめ把握することで、万全な対応をいたします。

また、暦年贈与を否認された事例についても十分に把握しています。事前に相続対策を行った場合でも、無理のない適正な申告を行い、お客様をサポートいたします。

さらに私の父は、税務署を退職した後、税理士として独立開業したOBです。現在の事務所は、私が父から引き継いだものになります。父から受け継いだ税務調査の対応のノウハウを生かし、私もまた、税務調査の支援を強みとしています。

相談しやすい環境作りと相続・ 事業承継支援の「チームラボット」

お客様に心理的なご負担を感じさせない工夫と研鑽を積んでいます。

その取り組みの一例として、次世代の家族型ロボットのラボットがあなたをお出迎えいたします。

また、他の税理士、司法書士、行政書士、社労士、弁護士と「チームラボット」を結成し、相続・事業承継の課題・問題解決のための活動をしています。

この時代、直接お会いするだけでなく、Zoomを使用したWebによるご相談も、初回は無料で対応いたします。メールまたはお電話で、お気軽にお問い合わせください。

鈴木康支税理士事務所

代表者：鈴木康支（税理士／東京税理士会新宿支部）
職員数：9名（税理士2名）
所在地：〒169-0075
　　　　東京都新宿区高田馬場4-12-2 晃栄ビル1F
ホームページ：https://suzuki-ac.com/
相続・事業承継支援「チームラボット」ご相談窓口：
　電話 03-3366-7522　FAX 03-3366-7017

多数の相続税申告・公正証書遺言作成コンサルティングを実施
被相続人の想いに寄り添う相続対策を行う

税理士法人スバル合同会計

垣本栄一代表

相続案件を担当するスタッフの皆さん

税理士法人スバル合同会計（東京都千代田区）は、垣本栄一税理士が代表を務める会計事務所。国税OBを含む29名の税理士による相続税申告や、公正証書遺言の活用による争いのない相続対策を得意とする。

29名の税理士が在籍
フットワークが強みの会計事務所

　税理士法人スバル合同会計は、税理士の垣本栄一が平成5年に開業し、令和3年で法人設立から15周年を迎える会計事務所です。事務所には、代表の垣本を含む29名の税理士、総勢195名のスタッフが所属しています。スタッフは、平均年齢が30代と若く、フットワークの軽さを生かしたサービスを心掛けています。

　スバル合同会計グループ内には、他士業が常駐していますので、お客様にとって煩わしい手続きをワンストップで完結させることができます。

公正証書作成のコンサルティングで
お客様の想いに寄り添う

　当社は、これまで多数の相続税申告と、公正証書遺言作成のコンサルティングを行っています。

　相続は税金だけの問題ではありません。遺産分割や事業承継が円滑に行われることを一番に考えることが大切です。当社では、遺された方々の争いを

避けるために公正証書遺言を活用し、財産という先祖からの預かりものを次世代に託すことに、お客様の想いを込めるお手伝いをさせていただいています。

　以前、当社で遺言書を作成したお客様から、「お陰様で無事に作成できました。これで安心して長生きできます。」という最高の賛辞をいただきました。あれから時間は経ちましたが、お客様は今でもお元気であると聞いています。

遺族の生活設計に配慮した争いのない相続対策を実行

　当社の最大の特徴は、お客様のおかねの"勘定"と心の"感情"のバランスを考えた相続対策を行うことです。税金の問題を中心に考えるのではなく、まずは遺族の争いを避けることと、不動産の活用可能性を最大限に考えた遺族のライフプランニングを行うことを考えてから、できる限りの節税を考えます。

税金に関しては、当社には、相続税を担当していた国税OB税理士も在籍していますので、調査側の視点から、申告内容を確認することができます。

資産税担当者が対応する初回無料相談窓口を設置

　当社は相続相談窓口を設置しており、社内の資産税担当者が相談に応じています。初回相談は無料です。フリーダイヤルよりお気軽にお問い合わせください。

　また、新型コロナウイルス対策の一環として、Zoom等のWeb会議ソフトを活用した、非対面によるサービスも導入しています。

　そのため、北海道から沖縄まで、すべてのお客様に、当社のサービスを利用していただくことができます。

　相続対策に関しては、「今は元気だから」「今は面倒だから」「忙しいから」ではなく、対策ができるうちに行うことをお勧めしています。

税理士法人スバル合同会計

代表者：垣本　栄一　（税理士／東京税理士会神田支部）

職員数：195名（税理士29名）

所在地：〒101-0025 東京都千代田区神田佐久間町3-16

ホームページ：http://www.subaru-tax.com/

相続相談窓口：フリーダイヤル 0120-550-486

スマホでアクセス！

北海道・東北
東京
関東
東海
信越・北陸
近畿
中国・四国
九州・沖縄

相続税申告案件年間1500件以上の大型税理士法人
丁寧でわかりやすいサポートと
税務署から指摘を受けない申告のための元調査官との三重検査態勢が強み

相続サポートセンター
（ベンチャーサポート相続税理士法人）

古尾谷裕昭代表

相続の悩みに丁寧に対応するスタッフの皆さん

相続サポートセンターは、同一グループの司法書士法人、行政書士法人、弁護士法人などと一体となって連携しており、どのような相続の相談にも一回で対応できるのが特徴。

大型税理士法人の相続専門部署

相続サポートセンターは、全国18拠点1008名のスタッフが働くベンチャーサポート税理士法人を母体とする相続専門部署です。相続専門部署は、東京（銀座・渋谷・新宿・池袋・日本橋）、埼玉（大宮）、千葉（船橋）、神奈川（横浜）、愛知（名古屋）、大阪（梅田・本町・難波）を拠点に展開し、相続税のみを取り扱う税理士と、グループ内の司法書士法人、行政書士法人、社会保険労務士法人、弁護士法人が連携を取り、相続に関するあらゆる疑問や相談にいち早く対応できる態勢を整えています。

顧問先数10000件
相続税申告案件年間1500件以上

2003年8月の創業から18年間、法人税業務、相続税業務に従事し、顧問先数は10000件を超えました。相続税に関するお客様からの依頼が近年急増したことから、相続専門部署の設置に至りました。現在では、相続税申告を依頼されるお客様の案件数は、年間

にすると1500件以上になります。

　相続サポートセンターにはさまざまな士業が在籍していますので、相続税申告以外にも、相続手続業務、相続登記、生前対策など、多岐にわたるご相談・ご依頼を受けています。

どこよりも丁寧に、少しでも安く、万全に

　相続サポートセンターは、初めて相続税申告する人を、どこよりも丁寧にわかりやすくサポートすることを強みとしています。

　また、相続では「少しでも税金を安くしたい」という考え方と、「税務署で指摘されたくない」という意向が多いのですが、これらを両立するのは簡単ではありません。そこで、税務署の相続税部門で長年税務調査を行ってきた元国税調査官を社内に招き入れ、社内の代表税理士、ベテラン担当者の3人による「三重検査態勢」で、高品質の相続税申告をお約束しています。

　また、税務調査が行われる確率を引き下げるため、「書面添付制度」を積極的に推進しています。こうした体制により、申告書について税務調査を受ける割合は、過去100人に1人未満に抑えることに成功しています。

相続専門スタッフが相談に対応

　相続サポートセンターは、東京、埼玉、千葉、神奈川を中心とした関東近県、名古屋を中心とした中部近県、大阪を中心とした関西近県のお客様の相続について、相続専門のスタッフがご相談に応じています。弊社事務所、あるいはお客様のご自宅に訪問して、無料の相談をさせていただいています。相続に関するあらゆるご質問をお聞きし、概算の相続税の見込額と、弊社の報酬のお見積もりをお伝えします。

　専門家への無料相談は相続の第一歩です。何でも聞いていただければと思います。お気軽にお電話ください。

相続サポートセンター（ベンチャーサポート相続税理士法人）
代表者：古尾谷裕昭（東京税理士会京橋支部）
職員数：1008名（相続専門部署80名）
所在地：銀座オフィス：東京都中央区銀座3丁目7番3号 銀座オーミビル8階
渋谷オフィス、新宿オフィス、池袋オフィス、日本橋オフィス、大宮オフィス、
船橋オフィス、横浜オフィス、名古屋オフィス、梅田オフィス、本町オフィス、
難波オフィス
ホームページ：https://support-sozoku.com/
相続相談窓口：電話 0120-690-318　メール souzoku@venture-support.jp

スマホでアクセス！

業界トップクラスの相続税申告実績5000件超の相続税専門会計事務所
全国7拠点、職員総数215名で相続のご相談に対応

税理士法人チェスター
株式会社チェスター

福留正明代表

荒巻善宏代表

税理士法人チェスターは、東京（三越前・新宿）、横浜、大宮、名古屋、大阪、福岡に拠点を持つ相続税専門の会計事務所。累計5000件を超える税理士業界トップクラスの相続税申告の実績がある。税務調査に入られる割合をわずか1％に抑える高度な申告ノウハウを有する。

総勢237名のスタッフを擁する
相続税専門会計事務所

　税理士法人チェスターは、東京（三越前、新宿）、横浜、大宮、名古屋、大阪、福岡に拠点がある相続税専門の会計事務所です。総勢237名のスタッフが所属しています。

　当事務所の主要なお客様は、不動産オーナー、企業役員、地主、医師、中小企業オーナーなどの資産家の方々で、相続税の生前対策から相続発生後の相続税申告手続きまで、ワンストップで対応しています。

相続税申告実績は
業界トップクラスの5000件

　私たちには税理士業界トップクラスの相続税申告実績があり、資産家の方の相続税対策、事業承継対策、相続税申告のサポートを行っています。

　私たちが行った相続税申告の実績数は、直近2020年の相続税申告件数が1519件となっています。累計では

5000件を超える相続税申告のお手伝いをしています。

税務調査率1%の徹底した 税務署対策を実施

　税理士法人チェスターの大きな特徴は、相続税の税務調査率をわずか1％に抑えていることです。通常、相続税の税務調査は約10％の割合で入りますが、当事務所では税務調査に入られにくい申告書を作成する経験やノウハウがありますので、税務調査を回避することが可能です。

　私たちの事務所には、豊富な経験を持つ専門職スタッフが総勢237名在籍しており、国税専門官として税務調査に関わった経験を持つ国税OB税理士、ベテランスタッフが申告書を丁寧にチェックします。専門家の複数の目でしっかり確認をすることで、税務署から指摘を受けない相続税申告を実現しています。

　さらに当事務所では、申告書の内容が適正であることを税理士が保証する書面添付制度を導入しています。申告書の正しさを税理士が保証するため、税務調査が入る可能性が大きく下がります。

初回面談時に 必要な費用が分かる安心の対応

　税理士法人チェスターは、東京（三越前、新宿）、横浜、大宮、名古屋、大阪、福岡の７つの拠点で相続税のご相談に対応しています（詳細は下記のホームページを参照してください）。相続発生後のご相談は初回面談無料でご対応していますので、ぜひお気軽にご相談ください。

　初回のご面談の際に、私たちが提供するサービスの詳細や、税理士報酬のお見積もりを出させていただきます。フリーダイヤルでのお電話、もしくはホームページ内のお問い合わせフォームから、初回面談のご予約が可能です。

北海道・東北

東京

関東

東海

信越・北陸

近畿

中国・四国

九州・沖縄

税理士法人チェスター
代表者：福留正明　荒巻善宏（東京税理士会日本橋支部）
職員数：237名（税理士46名、公認会計士5名、弁護士4名、司法書士6名、行政書士5名、宅地建物取引士30名、相続診断士9名）
所在地：東京事務所、新宿事務所、横浜事務所、大宮事務所、名古屋事務所、大阪事務所、福岡事務所
ホームページ：https://chester-tax.com
相続相談窓口：電話 0120-888-145　メール info@chester-tax.com

税理士法人チェスター

スマホでアクセス！

全国8拠点の総合法律経済関係事務所グループ
相続のベテラン専門家がさまざまな問題をワンストップで解決

JPA総研
日本パートナー税理士法人
相続対策推進部

相続対策推進に取り組む税理士集団

日本パートナー税理士法人は、全国に8カ所の拠点を構える会計事務所として相続支援に長年取り組んできたベテランの専門家を多数擁しており、相続税申告だけでなく、ハッピーエンディングノート作成支援業務による遺産整理や遺言書作成など多様なおもてなしサービスの相談にワンストップで対応しております!!

全国8拠点、職員数150名の
総合法律経済関係事務所グループ

日本パートナー税理士法人は、現代表の神野宗介が昭和41年2月に神野税務会計事務所として開業しました。創業56年目となる現在では社員数が150名になり、総合法律・経済関係の事務所として、クライアントの要求にワンストップで応えられるおもてなしサービスの会計事務所です。

特に相続対策支援業務については、

代表の神野宗介、名誉会長の田制幸雄、会長の大須賀弘和、社長の安徳陽一、副社長の鈴木忠夫が積極的に携わっており、本部と7つの支社にはベテランの専門スタッフがいます。

また、相続関連の法律上の手続きや、名義変更などの遺産整理、遺言書作成などを専門に担当する法人である日本パートナー行政書士法人が取り組んでいます。

近年では、相続対策の極めとして、安心老後提案のためのハッピーエンデ

ィングノートの作成を支援する継続関与も増え続けています。

業歴豊富な専門家が相続問題を総合的に解決

名誉会長の田制はもっとも古くから相続を扱っており、特に不動産に関しては豊富なノウハウを有しています。相続分野の業歴は43年になり、扱った件数は300件を超えています。

また、社長の安徳は、ここ13年以上相続業務の中心メンバーとして、年間30件以上をこなしています。法人、個人の顧問先、不動産業者、葬儀社からの紹介などで、取り扱った案件は累計400件以上になります。

当事務所には上記の2名以外にも、専門的知識とプロ意識を持つ担当者が多数在籍しており、金融機関など関係方面から高い評価を頂いています。

「ハッピーエンディング相続対策支援」は今大好評!!

行政書士法人はオリジナルの『ハッピーエンディングノート』を開発し、税理士法人と知恵を出し合いながら、関与先の皆様のライフプランの作成、財産状況の把握、遺言書や相続対策の積極提案と受託に取り組んでいます。当グループの5大重点業務の一つとして、時代に求められた非常に重要な業務です。

また、当グループの業務はよく「ゆりかごから墓場まで」を支援するエンドレス業務であると言われています。「顧問先は己自身」との精神でお客様の一生に深くかかわり、関与する皆様すべての幸せのために親身な相談相手として寄り添って参ります。

相続業務の専門的知識とプロ意識を持つ担当者が多数在籍

ハッピーエンディング、相続対策プロの7人のサムライが全力で頑張ります!!
安心と信頼の我々にお任せあれ〜!!

日本パートナー税理士法人、日本パートナー行政書士法人

代表者：神野宗介（東北税理士会二本松支部）
職員数：150名
所在地：東京都千代田区神田駿河台4-3
　　　　新お茶の水ビルディング17F
ホームページ：https://www.kijpa.co.jp/

相続相談窓口：
東京本部 03-3295-8477
立川 042-525-6808
都心 03-5369-2030　横浜 045-317-1551
東北本部 0243-24-1351
福島 024-503-2088
郡山 024-923-2505　仙台 022-748-5641
神野代表 090-8789-0240

スマホでアクセス！

累計1,000件以上の実績
お客様目線で相続トラブルを解決する

フロンティア司法書士事務所

宮﨑辰也代表（写真中央）

フロンティア司法書士事務所（東京都世田谷区）は、相続案件の経験豊富な宮﨑辰也司法書士が代表を務める事務所。相続トラブルの解決や、未然に防ぐための生前対策（遺言書、生前贈与、家族信託、成年後見等）などを得意とする。

相続に力を入れる司法書士事務所
若手スタッフも活躍中

フロンティア司法書士事務所は、司法書士の宮﨑辰也が平成28年に開業した司法書士事務所です。事務所には、代表の宮﨑を含む2名の司法書士、20代から30代中心の総勢5名のスタッフが所属しています。

当事務所のお客様は、主に40代から70代の幅広い層の個人のお客様が中心で、最も力を入れているのは、相続案件になります。

相続の他に、身近な法律家として、これから起業する方や中小企業などの支援も行っています。

累計1,000件以上
年間150件以上の実績を積む

代表の宮﨑は、大手司法書士事務所や個人事務所において、相続案件を中心に10年の経験を積んでいます。これまでに扱った案件数は1,000件以上です。独立後の現在でも、年間150件以上のご相談をいただいています。

相続案件は、相続人が多数に上ると解

決までに時間がかかってしまったり、相続人同士で争いになってしまったりと、複雑化してしまうケースが多くあります。そのような場合でも、多くの案件を扱ってきた経験から、トラブルを未然に防ぎ、最適な方法で解決に導きます。

過去に、何世代にもわたって相続手続きを放置してきたことが原因で、相続人の数が60名に達する案件を経験しました。複雑なケースで時間はかかりましたが、相続人にご納得いただくことができ、解決に至った時には、お客様に大変喜ばれました。

遺言書、生前贈与、家族信託、成年後見などの生前対策にも強い

当事務所は、相続案件に対する豊富な経験を生かし、生前の相続対策から相続発生後の手続きまで、多岐にわたる問題に対応しています。生前の相続対策として力を入れているのは、遺言書、生前贈与、家族信託や成年後見などです。生前に発生する問題に対処するだけでなく、相続発生後にトラブルが起きないよう、

お客様の目線に立ってご提案いたします。

また、相続問題の解決には、法務・税務・土地評価といった各専門分野の知識も必要です。そのため、弁護士、税理士、不動産会社等の他の専門家と連携して、お客様の負担を減らし、ワンストップでお客様の相続問題を解決するためのサポートが可能です。

無料相談窓口を設置 平日の夜・土日祝も対応可

当事務所は相続相談窓口を設置しており、必ず代表の宮﨑がお客様のご相談に応じてから、チームを組んで案件に対応しています。特に相続を初めて経験されるお客様に対しては、ご不安が少しでも和らぐよう、丁寧に対応いたします。

初回相談は無料です。お仕事がお忙しいお客様のために平日の夜・土日祝のご相談にも対応していますので、お気軽にお問い合わせください。

相続問題は、放置すればするほどその問題が複雑化しますので、お早めにご相談されることをお勧めいたします。

フロンティア司法書士事務所
代表者：宮﨑辰也（司法書士/東京司法書士会世田谷支部）
職員数：5名（司法書士2名）
所在地：〒158-0094
東京都世田谷区玉川三丁目13番8号
七のはなビル2階
ホームページ：https://www.frontier-office.net
相続相談窓口：電話 03-6805-6475

相続・事業承継対策・税務調査対応の実績多数
「笑顔相続」を増やすためにお客様ごとに最適な提案を行う

税理士法人HOP
HOPグループ

小川 実代表

髙橋大祐税理士

税理士法人HOP（東京都中央区）は、小川実税理士が代表を務める会計事務所。代表の小川税理士は、過去に、航空機リース事件の税務代理人として税務調査の立会いや不服審査を経験。相続税の税務調査対応も得意とする。民間資格「相続診断士」の考案者でもあり、家族の絆が深まる相続を支援する。

中小企業のかかりつけ医・
笑顔相続の伝道師をミッションとする

　HOPグループの母体である税理士法人HOPは、税理士の小川実が2002年に設立しました。「中小企業のかかりつけ医」と「笑顔相続の伝道師」という2つのミッションを掲げています。

　相続の分野においては、代表の小川が考案した相続の民間資格「相続診断士」らと協業し、日本全国の不幸な相続を解消していくために相続の事前対策を推奨しながら、その支援に力を入れています。

航空機リース事件の勝訴に貢献
相続税の税務調査対応も

　代表の小川は、2005年の航空機リース事件において、弁護士9名、税理士4名のチームで、延べ133名の税務代理人として税務調査の立会い、異議申立て、国税不服審判所での不服審査を経験しました。また、73名の原告補佐人として税務訴訟にも参加し、納税者の勝訴に貢献しました。このときの経験から、HOPでは税務調査にお

けける対応を得意としています。

納税者が不利とされる相続税の調査においても、過去には、税額にして800万円にのぼる税務署からの指摘を、是認に転じさせた事例があります。

「相続診断」で、お客様にマッチする効果的な相続対策を提案

HOPは、相続をきっかけに家族が壊れてしまう、いわゆる「争族」をなくし「笑顔相続」を増やすことをミッションとし、これまでに数多くの相続・事業承継対策に携わってきました。

笑顔相続への第一歩として、お客様には、まず「相続診断」を受けていただき、現状を把握した上で、問題に応じた効果的な対策を提案いたします。

対策にあたっては、お客様の状況に合わせて優先順位をつけて行うことが重要です。たとえば、遺産分割協議で揉めることが予想される場合には、相続税対策からでなく、まずは遺言書を作成することを強くお勧めします。子や孫へ住宅資金や教育資金の贈与をする場合には、贈与を受けない者への

補償も同時に考えていきます。

このように、相続は財産、税金、法律などの様々な要素に加え、当事者の思惑や感情も重なるため、場当たり的な対策ではうまくいきません。事前の検討をいかに行うかが、対策の成否を分けるといっても過言ではないでしょう。HOPでは、相続診断を通じて、最適かつ効果の高い相続対策をお客様に提案いたします。

無料相談窓口を設置

HOPでは、相続税の申告や生前の相続対策を引き受ける専門の部署を設けております。ホームページの「お問合せフォーム」よりご連絡ください。税理士に依頼されるのが初めての方でも、経験豊富なスタッフが丁寧に対応いたしますので、ご安心ください。家庭の事情が様々なように、相続の問題も家庭ごとに様々です。他者が行っている対策が我が家にそのまま当てはまるとは限りません。HOPでは、税金だけでなく、相続を通じて家族の絆がより深まるお手伝いをしていきます。

HOPグループ（税理士法人HOP）

代表者：小川　実（税理士／東京税理士会日本橋支部）
職員数：23名（税理士6名、社会保険労務士2名、行政書士2名）
所在地：東京都中央区日本橋人形町2-13-9　FORECAST人形町7階
ホームページ：https://group-hop.com/
相続相談窓口：電話 03-5614-8700
メール info@group-hop.com

スマホでアクセス！

専門家の多様なネットワークを有する会計事務所
経営者や資産家の相続・事業承継の事前準備を支援

山下康親税理士事務所

山下康親代表

相続専門スタッフが多数所属

オフィスは中野坂上駅から徒歩5分

山下康親税理士事務所は、東京都中野区に拠点を構える会計事務所。創業者や資産家一族の世帯主が資産を次世代に円滑に引き継げるようにするため、相続・事業承継の事前準備の支援に力を入れている。

相続専門スタッフを
7名抱える会計事務所

　山下康親税理士事務所は、税理士の山下康親が1985年に創業した会計事務所です。

　総勢24名のスタッフが所属し、相続専門スタッフは7名おります。不動産鑑定士、弁護士、司法書士など、さまざまな分野の専門家ネットワークと連携し、相続問題を円滑に解決いたします。

　当事務所のお客様は、若手ベンチャー企業から老舗企業まで、業種も多岐にわたります。また、当事務所は個人資産家の相続資産の試算にも力を入れています。

相続専門税理士が
資産家を総合的にバックアップ

　所長の山下は、大手建設会社の顧問であったことをきっかけに、資産税に強い税理士としてさまざまな相談会により、資産家一族の相続対策を実施しております。現在では不動産相続を年間約20件扱っております。

専門税理士が総合的にバックアップし、お客様にご満足していただくためにチーム編成にてご対応させていただいております。

「円満な相続」という観点でお客様の相続をサポート

当事務所の特徴としては、相続専門スタッフを7名抱える会計事務所であるということと、一つの案件を複数人で情報共有、検討している点にあります。

申告においても複数人のチェックを経ていますので、ご安心いただけます。

また、特異な案件については、顧問である国税OB税理士に相談し、協力をいただいております。

相続においては、手続き業務に目が奪われがちですが、いかに円満に相続するかという観点でお客様にご提案しております。

初回無料の相談からさまざまな対策を提案

当事務所では、相続・事業承継の事前準備をお手伝いしています。

ご相談は初回無料で受け付けていますので、ささいなことでもぜひご相談ください。初回のご相談内容から、今後の方針を策定いたします。

具体的には、以下のようなご提案が可能です。

①不動産・株式の評価
②相続税の試算
③消費税の還付
④会社合併・分割
⑤株式交換・移転
⑥不動産の買い換え・交換

このほかにも、さまざまなサービスをご提供できます。まずはご相談ください。

山下康親税理士事務所

代表者：山下康親（東京税理士会中野支部）

職員数：24名

所在地：〒164-0012　東京都中野区本町3-30-14コアシティ中野坂上201号

ホームページ：https://www.office-y-y.com/

相続相談窓口：電話 03-5351-0800　メール yamashita@office-y-y.com

スマホでアクセス！

北海道・東北

東京

関東

東海

信越・北陸

近畿

中国・四国

九州・沖縄

相続税申告を250件以上扱った税理士が相続の事前対策を提案
財産カウンセリングと相続シミュレーションで争族を回避

山中朋文税理士事務所

山中朋文代表

山中朋文税理士事務所の皆さん

山中朋文税理士事務所は、東京都世田谷区にオフィスを構える会計事務所。代表の山中朋文氏は250件以上の相続税申告をこなし、不動産が絡む相続対策を得意とする。相続対策を希望する顧客一人ひとりに財産カウンセリングと相続シミュレーションを実施し、それぞれの事情に合わせた最善の対策を提案。税務調査のリスクを軽減する申告書への書面添付も100%実現している。

地主・資産家の相続対策に強みを持つ会計事務所

山中朋文税理士事務所は、代表の山中朋文が2013年4月に開業した税理士事務所です。事務所には、山中のほかに税理士が1名、総勢10名のスタッフが所属しております。

当事務所の主なお客様は、30～40代の中小企業経営者で、業種はWeb制作、建築事務所、飲食業と多岐にわたります。業務は創業支援と黒字化支援に加え、地域の地主や資産家の不動産を絡めた相続対策も得意としています。

財産カウンセリングで顧客と懸念事項を共有しながら解決

代表の山中は、会計事務所に勤務していた10年間に、不動産譲渡や相続税などの資産税案件を中心に経験を積みました。独立後も含め、現在までに

250件以上の相続税申告案件を扱い、年間200件を超える相続相談が寄せられています。

「相続税がいくらかかるか分からない」「相続について漠然とした不安を感じる」「何から手をつけたらいいか分からない」など、相続に関するお悩みはさまざまです。

当事務所では、これから相続対策を始めるお客様一人ひとりに財産カウンセリングを行い、懸念事項をご家族で共有しながら解決していくお手伝いをしております。お客様からは、家族で将来のことを話す時間が増えたと、大変喜んでいただいております。

相続シミュレーションで争族を回避 申告時の書面添付も100%実現

当事務所では、相続対策をご希望のお客様に財産カウンセリングを行った後、相続税がいくらかかるかを試算する相続シミュレーションも実施しています。お客様のご希望を踏まえ、公正証書遺言や資産管理法人を使った節税などの対策を講じて、家族が争う「争族」を未然に防ぐお手伝いをしております。

また、当事務所では相続税申告において書面添付を100%実現しております。質の高い申告書を作成することは、お客様の税務調査の負担軽減につながります。

相続専門スタッフが対応する 無料相談窓口を設置

当事務所では、随時相続相談を受け付けております。代表の山中ならびに相続専門のスタッフが、ご相談に対応させていただきます。お問い合わせはお電話か、当事務所ホームページのお問い合わせフォームからお願いいたします。

現在悩んでいることや気になることなど、どのような些細な内容でも構いませんので、お気軽にご相談ください。お客様それぞれの事情に合わせた、最善のご提案をさせていただきます。

山中朋文税理士事務所

代表者：山中朋文（税理士／東京税理士会玉川支部）

職員数：10名

所在地：〒158-0083　東京都世田谷区奥沢5-24-7
　　　　グリーンヒルズ自由が丘403

ホームページ：https://bestax.jp/

相続相談窓口：電話 03-6421-2296

　　　　お問い合わせフォーム https://bestax.jp/inquiry.html

スマホでアクセス！

北海道・東北

東京

関東

東海

信越・北陸

近畿

中国・四国

九州・沖縄

相続発生後のさまざまなトラブルを依頼者が後悔しない形で解決
理念とノウハウを全スタッフが共有できる体制を構築

弁護士法人リーガルプラス

谷 靖介代表

弁護士法人リーガルプラスは、東京と茨城に各1拠点、千葉に5拠点を展開する弁護士事務所。代表の谷 靖介氏をはじめ14名の弁護士が、各地域に密着した形で顧客のトラブル解決に注力している。特に相続発生後のトラブル解決に強く、年間300件超の相続関連の相談に対応。過去の事例やノウハウを拠点間で共有し、依頼者が「後悔しない解決」を実現する体制を構築している。

1都2県に7拠点を展開する
地域密着型の弁護士事務所

　弁護士法人リーガルプラスは、弁護士の谷 靖介が平成20年に創設した弁護士事務所です。東京、千葉、茨城の1都2県に7拠点を展開し、代表の谷を含む14名の弁護士、総勢40名のスタッフが所属しています。

　リーガルプラスという名称は、「困っている人の役に立ちたい」という想いをスタッフ全員が共有し、自分たちの活動を通じてクライアント・地域社会・構成メンバーのそれぞれに「プラス」があってほしいとの気持ちを込めてつけたものです。

　相続トラブルでお困りの方はもちろんのこと、さまざまなトラブルを抱えた人のお力になるため、日々研鑽を積んでおります。

年間300件超の相談に対応
相続発生後のトラブル解決に注力

　当事務所は、相続問題のなかでも特に「相続発生後に起こるトラブル」の解決に注力しています。

　当事務所には、年間300件を超える相続問題に関するお問い合わせが寄せられます。「遺留分を侵害された」「一方的に相続放棄を求められた」「亡くなった親の預金が勝手に使い込まれている」など、トラブルの内容は多種多様です。

　遺産分割協議などをきっかけに発生したこれらのトラブルに対し、当事務所はご依頼者の意向に沿いながら、法律に準じて適切な解決を図ってきました。

依頼者が「後悔しない解決」を
目指し拠点間でノウハウを共有

　当事務所では、相続トラブルの解決に当たって「妥協しない、我慢しない、しっかり主張する」という理念のもと、ご依頼者が「後悔しない解決」を目指しています。

　相続トラブルは、ご依頼者の希望や意向によって取るべき解決方法が異なります。当事務所では、拠点間をつなぐ業務システムの活用や、定期的に開催している所内研究会を通して解決事例やノウハウを共有し、さまざまな相続トラブルに対応できる体制づくりを進めています。

無料相談窓口を設置し
法律の専門家が対応

　弁護士法人リーガルプラスの各事務所（東京：日本橋、千葉：市川・船橋・津田沼・千葉・成田、茨城：鹿嶋）は、いずれもアクセスの良い、来所しやすい場所に立地しています。

　相続トラブルでお悩みの方は、まずフリーダイヤル0120-13-4895にお電話いただき、状況をお伝えください。法律の専門家が、相続トラブルの解決に向けてしっかりアドバイスいたします。

　初回相談は無料ですので、ぜひお気軽にお問い合わせください。

弁護士法人リーガルプラス

代表者：谷 靖介（東京弁護士会所属）
職員数：40名（弁護士14名）
所在地：東京法律事務所（日本橋）、市川法律事務所（本八幡）、船橋法律事務所（船橋）、津田沼法律事務所（津田沼）、千葉法律事務所（千葉）、成田法律事務所（成田）、かしま法律事務所（鹿嶋）
ホームページ：https://legalplus.jp/
相続相談窓口：フリーダイヤル 0120-13-4895

スマホでアクセス！

相続案件は累計2万件
日本最大級の実績をもつ相続専門の税理士法人

税理士法人レガシィ
レガシィマネジメントグループ

代表社員 天野 隆氏

代表社員 天野大輔氏

代表社員 大山広見氏

代表社員 岡崎孝行氏

代表社員 陽田賢一氏

代表社員 木下裕行氏

資産税責任者 小野 修氏

社員税理士 武田利之氏

社員税理士 大久保 智氏

社員税理士 梅田麻子氏

税理士法人レガシィ（東京都千代田区）は、公認会計士・税理士の天野隆氏が代表を務める相続専門の税理士事務所。20年以上のキャリアをもつベテランスタッフが多数在籍。全国の士業事務所と連携し、グループ全体で相続に関する様々なサービスをワンストップで提供する。

30年以上、相続専門で
活躍し続ける税理士法人

税理士法人レガシィは1964年に創業し、相続専門の事務所となってからは30年以上の歴史があります。相続案件の実績は日本最大級で、業界内におけるリーダー企業になります。約100冊の相続関連書籍も出版しています。

コンサルティング会社、行政書士法人を含むレガシィマネジメントグループには、総勢1,483名の専門スタッフが在籍し、税務申告だけでなく、細かな相続手続きや不動産をはじめとする

相続後の様々な問題解決にワンストップで対応しています。

また、全国数万の会計事務所をはじめとする士業事務所と連携し、実務研修サービス提供のほか、様々な士業の強みを生かしたサービスをお客様に提供するため、Webサービスを利用して年間1,000件以上の業務分担を行っています。

近年はDXを積極的に進め、お客様と相続専門家をつなぐオンラインWebサービス「相続のせんせい」を運営しています。これにより、お客様との書類のやりとりを非対面で行うことができるほか、ご自身やご家族の相続がモメやすい

かどうかの診断、相続税額の概算や相続手続きのスケジュールの把握など、相続の不安を解消するための情報を、お客様側で入手することができるようになりました。

相談実績は日本最大級の 累計2万件超え

相続案件は累計で2万件（うち相続税申告件数は約1万5,000件）を超えました。他の追随を許さない日本最大級の実績をもとに培ってきた相続のノウハウと対応の良さで、お客様やご紹介者様からご信頼をいただいています。

20年以上の経験をもつ「人財」が強みに

弊社の圧倒的な強みは、相続の専門家として20年以上の経験をもつ税理士が多数在籍していることです。豊富な経験によって、「納税額を抑えたい」「相続人同士で揉めたくない」「相続前後の不動産の売買や有効活用を真剣に考えたい」といったニーズを実現することができます。

この強みは、税務調査の対処にも発揮され、結果として調査率をかなり低く抑えることができています。このことは、2020年の税務調査率：約0.4％（全国平均：約10％）の数値によって裏付けられています。

また、土地を保有するお客様の相続に関しても大きな強みを持っています。弊社は、分割対策・納税対策・節税対策の3つを軸に、世代を超えてお客様の財産をお守りする「選択肢の提供」を行います。そして税務申告では、徹底的に土地の評価減を行い、納税額を適正なものに抑えることができています。このことは弊社の還付実績が1件あたり平均約2,700万円、成功率90％超の数値によって裏付けられています。

相談窓口は「相続のせんせい」

「相続のせんせい」を通じてお問い合わせいただければ、すぐに専門家へ直接相談することができます。正式にご依頼をいただければ、より便利なツールをご利用いただけるようにもなります。「相続のせんせい」は皆様に無料でご利用いただけますので、ぜひ一度ご覧ください。

税理士法人レガシィ

代表者：天野隆（東京税理士会麹町支部）
スタッフ数：レガシィマネジメントグループ総人数1,483名
　大手町オフィス　スタッフ数144名（公認会計士5名、税理士34名、宅地建物取引士18名、弁護士1名）
　契約税理士※事務所　スタッフ数：1,339名（税理士271名、2020年10月31日現在）
【大手町オフィス】〒100-6806　東京都千代田区大手町1-3-1 JAビル5F(受付)・6F
　　　　　　TEL 03-3214-1717　FAX 03-3214-3131
【横浜オフィス】〒220-0012　神奈川県横浜市西区みなとみらい3-7-1
　　　　　　オーシャンゲートみなとみらい（8F総合受付、9Fオフィス）
ホームページ：https://legacy.ne.jp/
相続相談窓口：フリーダイヤル：0120-501-725
Webサービス「相続のせんせい」https://souzoku-no-sensei.legacy.ne.jp/
士業から士業へ仕事をつなぐ「Mochi-ya」https://www.mochi-ya.ne.jp/

スマホでアクセス！

北海道・東北

東京

関東

東海

信越・北陸

近畿

中国・四国

九州・沖縄

創業から1,000件を超える相続の実績あり
相続専門スタッフや国税OBの顧問を配置

浅木克眞税理士事務所
横浜みなとみらいグループ

浅木克眞代表

資産税部の皆さん

浅木克眞税理士事務所（神奈川県横浜市）は、浅木克眞税理士が先代から承継し、創業68年を迎える会計事務所。年間70件の相続案件を扱い、税務申告のほか、生前対策や遺言書作成支援に力を入れて、お客様の円満な相続を目指す。

横浜のお客様を支えて68年
相続税専門スタッフがいる事務所

　浅木克眞税理士事務所は、お客様と事務所と従業員の三者の幸せを同時に追求する「三幸の精神」を経営理念に掲げ、日々、自己研鑽に努めています。

　相続税の計算については、相続税専門スタッフを配置するとともに、国税OBを顧問に迎え、万全の体制を整えています。安心してご相談ください。

相続対応は年間70件以上
お客様を継続支援する体制あり

　創業から1,000件を超える相続のお手伝いをしてきました。どのお客様も「争族」にならなかったことが、最大の喜びです。お客様の幸せに貢献しながら、より多くの仕事の機会をいただき、事務所として活躍の場を広げることができました。

　現在、年間70件以上の相続税申告、相続相談、相続シミュレーション、生前対策および遺言書作成サポートを扱って

います。

また、定期的なご訪問・ご連絡によりお悩み事をお聴きし、幅広いニーズにお応えするコンサルティングにより、資産税月次顧問契約を結び、お客様に末永く寄り添う事務所として努めております。

円満な相続で家族の絆を守るため 慎重なシミュレーションを実施

一番の相続財産は、「家族の絆」です。「家族の絆」をこれまで以上に強くすることが、相続で最も大切なことになります。残された財産を巡って、家族が争う場面を望む方はいません。当事務所は、お客様にとって家族のように相談できるパートナーを目指し、一人ひとりのお客様と向き合っています。

「争族」を防止するには、事前の備えが重要です。まずは相続財産をリストアップして、相続税額を試算してみましょう。そのうえで、ご希望の分割をした時に「納税資金が不足しないか」「遺留分を侵害していないか」など、さまざまな視点から分割方法を見直します。

相続の方針が決まれば、遺言書の作成や家族信託を活用して、ご家族に意思を伝えることができます。円満な相続は、早いうちからご準備をされることがお勧めです。

丁寧な説明で相続の不安を解消し ワンストップ対応で負担をなくす

多くの方にとって、相続は初めてのご経験になります。何をどうしたらよいか不安になる方も少なくありません。

当事務所ではまず、今後の流れを明らかにして、丁寧でわかりやすい説明をさせていただき、皆様のご不安を和らげることに努めています。

また、相続税申告のために行うさまざまな書類の収集は、相続人にとってご負担になることがあります。当事務所では、書類収集の代行はもちろんのこと、相続時の諸手続きについてもサポートします。弁護士・司法書士・不動産鑑定士などの外部の専門家と連携し、お客様のすべてのお困り事の窓口となって、ワンストップで対応します。

横浜みなとみらいグループ／浅木克眞税理士事務所

代表者：浅木克眞（税理士／東京地方税理士会横浜南支部）
職員数：25名（税理士2名）
所在地：〒235-0005
　　　　神奈川県横浜市磯子区東町15-32
　　　　モンビル横浜根岸301
ホームページ：http://www.asagi-tax.com/
相続相談窓口：電話 045-751-2734　メール a.a.c@mocha.ocn.ne.jp

スマホでアクセス！

リスクのある節税よりもお客様の要望に合わせた相続対策を提案
創業50余年の歴史で培ったノウハウで安心の税務申告を目指す

税理士法人児島会計
児島会計コンサルティンググループ

児島 修代表

税理士法人児島会計の皆さん

税理士法人児島会計（千葉県船橋市）は、児島修公認会計士・税理士が代表を務める会計事務所。医師や農家の事業承継、相続対策を得意とする。長年のノウハウを生かし、税務調査による否認リスクを最小限に抑えた申告を行っている。

昭和45年に創業
医業特化型の会計事務所

税理士法人児島会計は、税理士の児島敏和が昭和45年に開業した児島会計事務所を母体に、現代表の児島修（公認会計士・税理士）とともに平成23年に設立した税理士法人です。

会長の児島敏和、代表の児島修を含む6名の税理士、総勢41名のスタッフが所属しています。

当事務所のお客様は、医業介護、農業、資産家、中小企業で構成されてい

ます。業種としては医業介護が最多の、いわゆる医業特化型会計事務所です。

営業エリアは、千葉県北部・中部、東京都が中心になります。南関東エリアでの活動を通じて、現在、農業を第二の軸足としています。

お客様のニーズに合う
相続対策を目指す

不老不死の人間はこの世にいません。医師や農家などの資産家には、相続と事業承継の問題が必ず付いてまわります。

当事務所では、リスクの高い節税策を強引にお勧めすることはせず、お客様のご要望に合った相続対策を提案するように心がけています。

最近は、認知症対策として、家族信託へのご要望の声も出始めていますので、顧問弁護士とともに取り組みを始めています。

創業から50余年で培ったノウハウを駆使した、安心の税務申告

当事務所では、複雑な案件でも、税務調査時の否認リスクをできるだけ低くした形で申告することを心がけています。土地や自社株式の評価など、申告書だけ見るとどれも同じに見えますが、そこに盛り込まれたノウハウは、創業以来50余年の歴史を持つ当事務所ならではのものと自負しています。

毎年何件か税務調査を受けますが、大きな否認事例はほとんどありません。

相続だけでなく、診療所や農家の事業承継についてもご相談に応じています。従業員を抱えたまま事業を放り出すことはできません。代表の児島修も二代目経営者ですので、後継者の立場に寄り添いながら、承継する側にもご満足いただける事業承継を目指します。

無料相談窓口を設置 相続の事前対策の相談を受付中

相続や事業承継は一日にして成るわけではありません。ぜひ事前対策からご相談ください。相続発生後、飛び込みのご相談は基本的にお受けしていません。

資産が大きくなるほど、相続に向けた事前準備が大切です。ご心配な方はぜひご相談ください。ご相談は無料です。

仮に死後の世界があって、被相続人が争族の現場を何もできずに見ているとしたら、それは大変不幸なことです。相続税だけでなく、相続の事前準備について、当事務所の顧問弁護士も交えてお話を伺いますので、お気軽にご連絡ください。

税理士法人児島会計（児島会計コンサルティンググループ）

代表者：児島 修（公認会計士・税理士／千葉県税理士会船橋支部）

職員数：41名（税理士6名）

所在地：〒273-0865 千葉県船橋市夏見2-14-1

ホームページ：https://www.kojimakaikei.co.jp/

相続相談窓口：電話 047-424-1988

スマホでアクセス！

新横浜に拠点を構える会計事務所
顧客との対話を大切にして満足度の高い相続を実現

税理士法人 小林会計事務所

小林 清代表

小林代表と相続支援スタッフの皆さん

税理士法人小林会計事務所は、新横浜に拠点を構える会計事務所。長年、新横浜の中小企業経営者や資産家の相続支援に取り組んでおり、顧客との対話を徹底し、一人ひとりに合ったオーダーメイドの提案をすることを信条としている。

横浜の中小企業を支える
会計事務所

　税理士法人小林会計事務所は、新横浜に事務所を開設して約40年、数多くの法人・個人のお客様をご支援してきた会計事務所です。代表の小林を含む5名の税理士と、総勢70名のスタッフが所属しています。

　私たちは、横浜を支える中小企業の経営者の皆様に対して、会計や税務、経営の側面から、さまざまなサポートをしています。また、個人のお客様に対しても、ライフプランや税金のご相談を承っています。開業以来培ってきたノウハウを生かし、お客様のお役に立つことを意識して、日々業務に取り組んでいます。

相続サポート年間100件以上、
サラリーマン家庭の支援に注力

　当事務所は開業当初から相続のご支援に取り組んでおり、さまざまな知識、技術、経験を蓄積してきました。おかげさまで、現在では相続でお悩みの方のサポートを、年間100件以上行って

います。

なかでも昨今は、いわゆる普通のサラリーマン家庭のお客様のご支援に力を入れています。相続税は、地主など資産家の方々だけに関係のある税金ではありません。私たちは、ひとりでも多くのお客様の身近な存在として、お役に立つことこそが専門家としての義務であり、実績と考えています。

顧客との対話を徹底し、専門家として課題解決に導く

当事務所の特徴は、「お客様との対話を徹底する」ことです。相続の問題点や解決策は、お客様ごとに全く異なります。そのため、お客様との対話を通して、一人ひとりに合ったご説明やご提案をさせていただいています。

もちろん、適正な相続税申告書の作成や、その後の税務調査対応についても万全の準備をさせていただいています。これは、専門家として当然のことだと考えています。

お客様が抱えている相続に係る不安や悩みを専門家として丁寧に伺い、解決のお役に立たせていただく――。その思いをすべてのスタッフが抱いていることこそが、当事務所の一番の強みと自負しています。

相談窓口では些細な相談にも丁寧で誠意ある対応

当事務所は相続相談のための窓口を設けており、お客様のご都合に合わせて、電話やメール、ご面談などでお話を承っています。

私たちはお客様との対話を重視していますので、代表の小林をはじめスタッフ一同、お客様のお気持ちを最優先にした、丁寧で誠意のあるご説明をさせていただきます。

会計事務所には相談しにくいイメージがあるかもしれませんが、当事務所は違います。どんな些細なご相談でも大歓迎ですので、お気軽にお問い合わせいただければ幸いです。

税理士法人 小林会計事務所（横浜相続なんでも相談所）

代表者：小林 清（東京地方税理士会神奈川支部）
職員数：70名（税理士5名）
所在地：〒222-0033
　　　　神奈川県横浜市港北区新横浜2-6-13
　　　　新横浜ステーションビル1F
ホームページ：https://www.souzoku-yokohama.com
相続相談窓口：電話 0120-915-745

スマホでアクセス！

創業70年を迎え、親子三代で100年続く事務所を目指しながら
「人生100年時代にあるべき相続の姿」を考える

税理士法人TOS佐々木会計

佐々木哲夫代表（左）と佐々木 彰氏（右）
（奥の写真は創業者の佐々木 但氏）

相続案件に精通するスタッフの皆さん

税理士法人TOS佐々木会計（神奈川県横浜市）は、佐々木哲夫税理士が代表を務める会計事務所。相続税の申告のほか、終活のサポート、遺言執行者としてのサービスなど、被相続人が安心できる相続、遺族で争いのない相続の実現を支援する。

親子三代で横浜の相続を支援する会計事務所

　税理士法人ＴＯＳ佐々木会計は、代表である佐々木哲夫の父・佐々木但が、昭和22年に開業した個人税理士事務所から始まりました。横浜で約70年間、お客様の最も身近な相談役であり続けています。

　代表の長男・佐々木彰も公認会計士・税理士として入社し、現在は、税理士3名とスタッフ8名で、100年続く会計事務所を目指しています。

　お客様の多くは、横浜の中小企業の社長や不動産オーナー様ですが、最近は終活に対する関心が高まった影響で、サラリーマン家庭のお客様からの遺言のご相談も増えています。

500件以上の相談実績遺言執行者としてのサービスも好評

　私たちは「人生100年時代にあるべき相続の姿」を常に考え、お客様とご家族に寄り添ったご提案をしています。

　約70年にわたる相続相談の実績は500件以上で、年間数十件の相続税・

贈与税の申告を行っています。また、相続税・贈与税の申告だけでなく、遺言執行者に指名されることもあります。遺言執行者に指名された際は、不動産の名義変更や銀行口座の解約などの手続きを全面的にサポートすることが可能となり、ご家族のご負担を軽くすることができます。

ご遺族が相続で一番悩まれることは、名義変更・解約手続きですので、お客様からとてもご好評を頂いています。

お客様の心穏やかな最期を支援

私たちは、相続税の申告を行うだけでなく、お客様とご家族が最期の時間を安心して迎えられる相続を目指しています。

終活の定番である遺言やエンディングノートは、家族で争うことを未然に防止するだけでなく、健康寿命が終わった後の「健康ではない期間」を心穏やかに過ごすために必要なものです。

お客様が心穏やかに最期を過ごせるようサポートします。

また、相続した空き家の売却サポート、二次相続を見越したアドバイス、不動産の名義変更など、ご家族の負担になる相続後の面倒な業務もサポートします。

三代で100年続く会計事務所を目指していますので、お客様が最期を迎えられるその時には、必ずお客様とご家族を支えられると自負しています。

初回相談無料 お電話や ホームページからお問い合わせを

ご相談の際は、お電話やホームページからお気軽にお問い合わせください。お話を伺える日程を調整いたします。

初回相談は無料です。実際にお会いして、もし「合わない」と感じたときは、遠慮なく初回相談の際にお伝えください。

また、「終活は必要だと思うけれど、今は健康だから必要ない」と考えている方こそお問い合わせください。元気なうちから取り組むことが安心な相続の第一歩です。

北海道・東北
東京
関東
東海
信越・北陸
近畿
中国・四国
九州・沖縄

税理士法人TOS佐々木会計

代表者：佐々木哲夫（税理士・行政書士/東京地方税理士会横浜南支部）

職員数：11名（税理士3名、公認会計士1名、行政書士2名）

所在地：〒232-0051　神奈川県横浜市南区井土ヶ谷上町21-16

ホームページ：http://www.tax-sasaki.com/（お問い合わせフォームがございます）

相続相談窓口：電話 045-741-3921
　　　　　　　FAX 045-714-4625

スマホでアクセス！

女性ならではのきめ細かな感性を大切にする会計事務所
適正な申告書作りへの取り組みと、顧客の悩みに寄り添う姿勢が魅力

中山美穂税理士事務所

中山美穂代表

スタッフは女性が中心で、顧客の相談に丁寧に対応

中山美穂税理士事務所は、埼玉県和光市に拠点を構える会計事務所です。代表の中山美穂税理士は、女性ならではのきめ細かな気配りでお客様のお悩みに対応します。なかでも相続税申告に関しては、税理士法33条の2書面添付制度を導入し、税務申告の適正さを税理士が保証しております。

お客様をさまざまな角度から支援します

中山美穂税理士事務所は平成23年に開業しました。代表の中山美穂のほか、6名の女性スタッフが所属しています。当事務所のお客様は、東京都内が60%、埼玉県近郊が40%であり、その業種はさまざまです。

また、業務は会計・税務にとどまりません。黒字化実現に向けての経営助言、経営計画書の作成、金融機関からの借入のお手伝いのほか、個々のお客様の業務改善への取り組みなど広く経営支援サービスを請け負います。

相続を「争続」にしない長期的なサポート

代表の中山は、都内の公認会計士事務所に13年間勤務し、比較的規模の大きな相続案件への対応を数多く担当しました。独立開業後も引き続き相続支援に注力し、「お願いするなら女性の税理士が望ましい」というお客様や、生命保険会社、弁護士、公認会計士、司法書士の方々から多くのご依頼、ご紹介をいただき、都内または埼玉

県下の不動産所有者の方々から相続のご相談をお受けしております。

お客様が10人いらっしゃれば10人の方それぞれのお悩みや懸案事項がございます。私たちは個々のお客様に寄り添い、それぞれの方々に必ずお会いして相続に関するご相談や申告に関するアドバイスとご提案を行います。相続が親族間の争い「争続」とならぬようそれぞれ相続人の方々のご意見を伺う中で、相続税申告完了後も引き続きサポートをしてほしいという嬉しい声をいただいております。

相続対策、相続支援は一時的、スポット的な関与のイメージがありますが、上記の通り私たちが長きにわたりサポートさせていただいているお客様もいらっしゃいます。

強みである土地の評価と税理士法33条の2書面添付制度の導入について

当事務所の相続支援における強みは土地の評価です。現地調査を行い、役所に足を運び、お客様へのヒアリングを重ねたうえで、正確かつ柔軟な発想をもって土地の評価をさせていただきます。必要に応じて弁護士、土地家屋調査士等の専門家と連携し、お客様にご納得いただける評価方法を検討いたします。

さらに、相続税申告の内容につきその適正さを保証する税理士法33条の2の書面添付制度を導入しております。この書面を申告書とともに税務署に提出することにより

税務調査の対象となる可能性が大きく下がります。

女性ならではの雰囲気づくりで相続の悩みに寄り添う

当事務所では、ホームページの問い合わせフォームからご連絡をいただくと代表の中山とスタッフが対応させていただきます。相続対策は他人には相談しづらい内容が多いものです。生い立ち、親類との関係等「誰に相談してよいのかわからない」というお声や「そもそも何から相談すればよいのかわからない」というお話をよく伺います。当事務所は中山含む7名全員が女性です。女性ならではの話しやすい雰囲気づくり、きめ細やかな気配りをモットーとしております。初回相談については無料とさせていただいておりますので、お悩みを抱え続けることなくお気軽にご一報ください。プロとしてご納得いただけるまでお手伝いさせていただきます。

中山美穂税理士事務所
代表者：中山美穂（関東信越税理士会朝霞支部）
職員数：7名（社会保険労務士2名）
所在地：埼玉県和光市丸山台1-4-3-502
ホームページ：
http://tax-nakayamamiho.jp/
相続相談窓口：
電話：048-424-4360
メール：
info@tax-nakayamamiho.jp

スマホでアクセス！

相続支援35年1000件の実績を誇る税理士法人
ベテランスタッフが最後まで一貫して対応し、書面添付で適正さを保証

ヤマト税理士法人

北村喜久則代表

丁寧で分かりやすい対応が信条のヤマト税理士法人の皆さん

ヤマト税理士法人は、さいたま市南区に拠点を構える会計事務所。35年以上にわたり相続支援業務に取り組んでおり、扱った案件は1000件を超える。資産税に精通したベテランスタッフが、顧客の相談に最後まで一貫して対応する。

さいたま市近隣の中小企業を支援する会計事務所

ヤマト税理士法人は、代表を務める税理士の北村喜久則が昭和58年に開業した北村税理士事務所を母体に、平成22年に設立された税理士法人です。代表の北村を含む6名の税理士、総勢約30名のスタッフが所属しています。

当社のお客様はさいたま市の中小企業とその関係者が多く、業種としては不動産関連が最多となっています。また、個人の資産設計を支援する「FP

業務」にも力を入れています。

相続対策の提案に関する35年1000件の豊富な実績

当社は、個人事務所時代から35年にわたり相続支援業務に取り組んでおり、これまでに取り扱った相続件数は1000件を超えます。そして現在も、年間30〜50件程度扱っています。

お客様のなかには昔からの地主さんも多く、相続対策の提案を通じ、多種多様な支援の実績を積んできました。例えば土地の評価は、ひとつ間違える

と数字が大きく変動するリスクの高い分野です。当社はこれまでに培った豊富な経験と緻密な制度の分析をベースに、時には大胆な発想でお客様に満足していただける提案をしています。

また、亡くなった方しか知らない不明瞭な銀行取引も、適正な申告と認められるためのノウハウを知り尽くした担当者が徹底的に分析し、完成度の高い申告書を作成しています。

経験豊富なスタッフが一貫サポート
書面添付で申告書の適正さを保証

当社では、優先順位として①争族対策、②納税資金対策、③相続税対策の順が、後悔せず納得感が得られる相続の進め方であると確信し、資産税の経験の深いスタッフが相続関係者の意向を真摯に考えながら対応します。

また、緻密な税務調査対策を行い、家族名義預金のように指摘を受けそうなポイントについては、丁寧な説明文書を添付し、可能なかぎり疑念をもたれないように申告書を作成しています。

さらに全ての申告書は、不動産評価に特化した顧問税理士、国税幹部OBの厳しいチェックを受け、税理士が申告書の適正さを保証する書面添付を行っています。

初回無料相談で
相続の不安に丁寧に対応

当社は相談窓口として、ホームページ「浦和相続サポートセンター」と、フリーダイヤルを用意しています。初回1時間無料相談を行っており、ご予約をいただければ、代表の北村と担当スタッフが、当社にて丁寧にお話を伺います。

また、当社が導入している最新鋭の「相続診断シミュレーションシステム」Smileに顧客データを入力することにより、幅広い分析データや対策シミュレーションを作成して提案に役立てています。当社は相続の不安を抱えている方に、分かりやすく丁寧に説明させていただきますので、ぜひお気軽にお問い合わせください。

ヤマト税理士法人

代表者：北村喜久則（税理士／関東信越税理士会浦和支部）
職員数：30名（税理士6名）
所在地：〒336-0022
　　　　埼玉県さいたま市南区白幡4-1-19　TSKビル5階

相続相談窓口　フリーダイヤル：0120-634-006
　　　　　　　ホームページ：https://www.yamatotax.com/
　　　　　　　電子メール：tax@yamatotax.or.jp

スマホでアクセス！

東京、神奈川、埼玉13拠点展開の大型会計事務所
相続税申告実績5,000件超のノウハウで都市農家や資産家の相続を支援

ランドマーク税理士法人

清田幸弘代表

ランドマーク税理士法人は、東京、神奈川、埼玉に13拠点を構える大型会計事務所。相続税申告・対策業務に注力しており、相続相談19,000件以上、相続税申告5,000件超の実績がある。

相続税の申告実績5,000件超

当社が強みとしているのは、資産家、特に地主の方々に対する相続の支援です。事前の相続税対策や遺言書の作成助言はもちろんのこと、相続税の申告・納税、そして二次相続のサポートに至るまで、親身に対応いたします。また、他の税理士が申告した後の申告書を見直すことで、相続税を還付させた成功事例も数多くあります。

このような還付が認められる事由のほとんどが土地の評価ですが、それぞれの土地の形状や周囲の状況等を総合的に判断しなければならないため、税理士によって見解の相違が大きく、またそれに伴って評価額も大きく変動するという現象が起こります。

場合によっては課税価格が減少することで、納付するべき相続税額も減少します。その結果、既に支払われている相続税が還付されるのです。

当社は、開業以来5,000件超の相続税申告実績があり、適正な財産評価には絶対の自信を持っています。

「相続」のお悩み全般を解決する専門家

平成27年度の相続税増税で課税対象者が拡大することを受けて支店を増設し、相続の無料相談窓口「丸の内相続プラザ」を全店舗に併設しました。各支店では、毎月、最新の税制動向などをご紹介するセミナーを開催し、その後の個別相談会も好評をいただいています。

セミナー後は、事務所のノウハウを凝縮させたメルマガの発信や広報誌の発行といった形で、継続的な信頼関係を築いてまいります。出版物も種々手掛けており、「税金ガイド」や相続の体系的な理解を助けるものから、税制の仕組みを応用した節税策、実務で取り扱った事例に至るまで、幅広いご興味に対応しています。

「相続」の専門家として認識していただいている当社へは、税務以外の法律問題のご相談も少なくありません。顧問弁護士や顧問司法書士との協働により、相続に関するすべての手続きを完結させるワンストップサービスを提供しています。

徹底した組織体制で顧客をサポート

当社が得意としているのは、相続税分野だけではありません。

個人・法人にかかる所得税や法人税などの申告についても、相続税同様、きめ細やかなサービス提供を徹底しております。毎月必ずご訪問し、ひざをつきあわせた相談対応を行うことで、お客様の事業実態に合わせた、オーダーメイドの経営助言、節税提案に努めております。さらに、各専門家との強力な連携を持ち、お客様には常に最新で高度な専門知識を提供させていただいております。

神奈川で創業して20年
事業承継・M&A・相続の専門スタッフによる事業承継対策が強み

税理士法人りんく

小久保 忍代表

税理士法人りんくの皆さん

税理士法人りんく（神奈川県相模原市、東京都渋谷区）は、小久保忍税理士が代表を務める会計事務所。専門スタッフによる、中小企業経営者の事業承継・相続対策を得意とする。税務会計のほか、グループ会社で経営コンサルティング支援なども行っている。

神奈川・東京の企業の経営や
事業承継支援を行うグループ会社

　当事務所は、代表の小久保忍が、平成12年に神奈川県相模原市の自宅で開業し、平成15年に現在の税理士法人りんくに組織変更しました。

　東京に支店があるため、神奈川のみならず、都内にも多くのお客様がいらっしゃいます。

　お客様の多くは中小企業で、経営者の成長意欲が高い企業です。そのため、お客様の経営をさまざまな角度からご支援できるよう、グループ会社として、経営コンサルティング支援や保険活用支援を行う会社も設立しています。

　当事務所に所属する税理士は5名です。職員数は、事務所単体で37名、グループ全体では250名を超えています。会計税務を担当するスタッフがいるのはもちろんのこと、『事業承継・M&A・相続』の専門スタッフがいることが特長です。

事業承継対策が経営者に好評
20年以上の実績あり

事業承継・相続には開業時から取り組んでいるため、20年以上の実績があります。ご依頼の多くは、経営者からのものです。経営している会社の事業承継対策と、個人の相続対策を同時にできるため、大変喜ばれています。

特に、事業承継対策は、後継者や従業員に関する支援も必要です。当事務所では、こうした支援も行うため、安心して会社を承継できるという、ありがたいお言葉をいただいています。

事業承継・M&A・相続
専門スタッフの対応が強み

当事務所の強みは、『事業承継・M&A・相続』の専門スタッフによる経営者の相続対策です。経営者の相続には、個人財産だけでなく、経営している会社も密接に関係します。自社の株価が高いと、相続税額も高額になります。そこで当事務所では、株価を算出し、納税額がいくらになるのか事前にシミュレーションを行います。これによって、生前にどのような対策をするべきか、最適な提案を行うことができます。

また、相続人が複数いると、相続で株式が分散してしまうリスクがあります。それを防ぐために、株式を生前に後継者に移転することや、遺言書を活用することなども提案します。親族に後継者がいないケースでは、第三者へ承継（M&A）するための支援も行います。

初回相談無料　メール・電話・
お問い合わせフォームから連絡を

お問い合わせ方法は、お電話かメール、もしくは当事務所のホームページのお問い合わせフォームをご利用ください。

『事業承継・M&A・相続』の専門スタッフが在籍していますので、例えば事業承継・相続のご相談でしたら「事業承継・相続専門スタッフへ相談」のようにお問い合わせください。円滑な事業承継・相続を実現するために専門スタッフが承ります。なお、初回の相談は無料ですのでご安心ください。

税理士法人りんく
代表者：小久保　忍（東京地方税理士会相模原支部）
職員数：37名（税理士5名）
所在地：〒252-0234 神奈川県相模原市中央区共和4-13-5 ディアコートサガミ1F
　　　　〒151-0051 東京都渋谷区千駄ヶ谷1-6-7 MAPLE HILLS千駄ヶ谷3F
グループ会社：株式会社ビジネス・デザイン（経営コンサルティング支援）
　　　　　　　株式会社ビルド・バリュー（保険活用支援）、株式会社けいり（経理支援）
ホームページ：http://link-tax.com/
相続相談窓口：電話 042-730-7891　メール info@link-tax.com

地元企業に寄り添いながら年間1,000件の相続・贈与案件を扱う
税務から保有資産の活用まで幅広いニーズに対応する

税理士法人 YGP鯨井会計
つくば相続サポートセンター

鯨井基司会長

資産税部門の皆さん

税理士法人YGP鯨井会計（茨城県つくば市）は、鯨井基司税理士が代表を務める会計事務所。税務にとどまらず、保有資産の活用、納税資金対策、遺言や家族信託の提案など相続に関する豊富な実績を活かし、顧客のニーズに対応している。

地元企業のニーズに応じ続ける 創業57年の会計事務所

税理士法人YGP鯨井会計は、代表社員税理士である鯨井基司が昭和39年に税理士事務所を開設して以来、一貫して「地元企業と共に生きる」・「学卒者を採用する企業を育成する」を理念とし、業務を進めて参りました。

地元企業の多くは中小企業ですが、中小企業は資本的に規模が小さいというだけでなく、人材的にも情報的にも大企業と比較すると大きく不足しています。

私どもYGP鯨井会計が地元の中小企業と共に生きると考えたとき、最も大切なことは、その不足している業務をお手伝いすることだと認識しました。

多岐にわたるお客様のニーズに対応するため、当事務所では、部門ごとに専担者を設け、最新の情報をお客様に提供し続けています。

相続部門の専担者は9名で、うち4名が税理士になります。

税務に留まらない相続対策の提案
年1,000件の相続・贈与を扱う

顧問先のお客様に対しては、将来の事業承継対策や自社株対策を含めた相続対策を提案し、一般のお客様に対しては、年4回以上の相続対策セミナーや個別相談会を通じて、事前の相続対策などを提案しています。

相続税の申告にとどまらず、資産活用の提案や、家族信託等や遺言を活用する資産の承継手続きの提案にも力を入れています。

こうした活動が実を結び、相続・贈与を合わせて年1,000件以上の案件を取り扱っています。

二次相続を考えた資産活用の助言
国税OB・司法書士・弁護士と連携

当事務所の大きな特徴としては、税務申告業務において、国税局OBによるダブルチェックを実施し、税務調査にも十二分に対抗できる申告を実施し

ていることです。

また、グループ会社である「つくば相続支援センター」を介して、二次相続を視野に入れた保有資産の活用や、保険契約を見直した納税資金対策など、資産全般に関わるアドバイス業務を取り入れています。

司法書士、弁護士との連携体制も整えているため、ワンストップでのお手続きにも対応可能です。

第2・第4火曜日は無料相談を実施
ご予約はお早めに

当事務所は相続相談窓口を設置し、電話やメールでの相談に応じています。毎月第2・第4火曜日を無料相談の日と定め、事前予約のもと1時間無料にてご相談を承っています。

ぜひお気軽にお問い合わせください。

顧客の相続手続きをワンストップで
事業承継アドバイスや書面添付制度導入により税務調査対策も万全に

税理士法人青山会計
相続・贈与相談センター西三河・知多支部

青山 淳代表

税理士法人青山会計では、コロナ対策がしっかりととられている。

税理士法人青山会計（愛知県碧南市）は、青山淳税理士・青山聡税理士が代表を務める会計事務所。ホームページに簡易報酬見積もりソフトを導入しており、安心して相談できる。国税相続部門出身の税理士による相続税申告のノウハウを蓄積し、申告件数を着実に伸ばす。相続税務調査コンサルタント研究協会の認定事務所として活動中。

西三河に根差し、相続や
事業承継を支援する会計事務所

　税理士法人青山会計は、青山憲朗税理士事務所を母体とする、地域に根差した会計事務所です。平成26年12月1日に税理士法人化し、家業から事業に組織を変更しました。代表者は青山淳・青山聡の2名体制となり、これまで以上に質の高いサービスを提供できるよう、日々努力しています。

　相続については、先代とともに日々頑張ってこられた創業者であるお客様も、2代目・3代目となる後継者に事業を引き継ぐことが最重要課題となっています。それに伴って、相続の発生時には、相続手続きのお手伝い、相続税の申告、事業承継のアドバイスなど、当事務所が果たすべき役割も増えています。それに対応すべく、当事務所では、相続支援部門を立ち上げています。

国税OBからノウハウを蓄積し、
年間20件以上の申告を実行

　2016年から2021年にかけて、毎年20件以上の相続税申告書を作成しています。

当初は、国税相続部門出身の税理士を担当者に置いて、そのノウハウを学び、2019年からは、代表税理士である青山淳が中心となって、土地の評価など難解な業務に取り組んでいます。

その結果、2021年は過去最高となる相続税申告書の作成件数を達成し、ノウハウや知識も積み上がっています。

また、ご生前に相続税のことを心配されるお客様には、相続税シミュレーションのサービスを提供することで、お客様やそのご家族に安心していただいています。

遺産整理から相続登記までの ワンストップサービスを提供

当事務所の強みは、遺産整理業務（相続財産の名義変更、戸籍取得、遺産分割協議書の作成や相続関係一覧図の作成など）から相続登記業務（相続による土地や建物などの不動産の所有権の移転業務）までを、ワンストップサービスとして提供できることです。

提携している他士業はすべて身内ですので、綿密な打ち合わせや意思の疎通を問題なく行うことができます。他士業との連絡ミスなどは発生しません。

さらに当事務所は、書面添付制度を推奨する相続税務調査コンサルタント研究協会の認定事務所です。書面添付によって申告書の内容が適正であることを税理士が保証するため、税務調査に入られる可能性が大きく下がると言われています。

コロナ対策中の無料相談窓口の設置

当事務所では、相続相談窓口を設置し、まずは行政書士資格を保有する女性スタッフやベテランスタッフが、お客様の相談に応じます。初回相談は無料ですので、ぜひお気軽にお問い合わせください。

コロナ対策もばっちりです。パーテーションはもちろんのこと、室内の温度を下げずに空気を循環させる最新の空気清浄システムを導入しています。

田舎には田舎の相続税申告を担当する会計事務所が必要です。地域に根差す私どもだからこそ、皆様に寄り添ったきめ細かな対応とサービスを提供いたします。

税理士法人青山会計
代表者：青山淳（税理士／東海税理士会刈谷支部）
職員数：17名（税理士2名、税理士資格保有者1名、その他）
　　　　外部相続税担当顧問（国税OB税理士）1名
所在地：愛知県碧南市松本町137番地
税理士法人青山会計　https://www.aoyamakaikei.com/
相続・贈与相談センター西三河・知多支部　http://nishimikawachita.zaisan-aichi.com/
相続手続相談士研究協会認定事務所　https://www.mikawa-souzoku.com/
相続相談窓口：メール info@aoyama-kaikei.com

スマホでアクセス！

静岡県屈指の大型会計事務所グループ
相続の専門部隊を有し、お客様へ手厚いサービスを提供

イワサキ経営グループ
相続手続支援センター静岡

岩﨑一雄会長（左）と
吉川正明社長（右）

イワサキ経営グループのスタッフの皆さん

イワサキ経営グループは、静岡県沼津市と静岡市に拠点を構える大型会計事務所グループ。相続業務だけを行う専門部隊を有しており、相続税申告で年間160件、相続税のかからない相続手続支援でも年間400件という大きな実績をもつ。

静岡県に展開する
大型会計事務所グループ

　イワサキ経営グループは、税理士の岩﨑一雄が昭和48年に開業した会計事務所で、静岡県沼津市と静岡市に事務所があります。スタッフ総勢110名で、お客様のさまざまな課題をワンストップで解決する体制を整えています。

　また、当事務所は個人の確定申告を毎年1500件近く行っており、その中でも特に不動産賃貸業や農業などで全体の5割を占めます。そのほかにも、資産家や投資家に対するコンサルティング、相続対策などにも力を入れています。

相続手続支援年間400件
相続税申告年間160件の実績

　当事務所は相続業務に30年以上取り組んできた歴史があり、その営業ノウハウ、品質ノウハウを求め、全国から多くの同業者が会社見学に来られます。また、近年は、相続税申告については静岡県外からのご依頼も増え、多くのお客様からも厚い信頼をいただいております。

相続手続支援と相続税申告の 専門部隊を設置

　当事務所の大きな特長は相続の専門部隊を持っていることで、そこに所属するスタッフは、相続業務だけを行っています。専門スタッフの数は20名で、資産税に強い税務署OB税理士も3名所属しています。

　また、一口に相続といっても、相続税申告業務と、相続税のかからない相続手続支援業務は内容が異なりますので、そこもさらに部門を分けて業務を行っています。そのため、相続税がかからない方にも、手続支援業務を通じてしっかりとサポートをさせていただいています。

　相続税申告においては、税務調査が入る可能性が大幅に下がる書面添付制度をすべてのお客様に導入しています。資産税専門の税務署OB税理士が、可能なかぎりお客様に有利になる申告書を作成し、なおかつ税務調査の極めて少ない申告を実現しています。

　こうした当事務所の体制は、おかげさまで金融機関や取引業者様から高く評価していただいています。そして、「相続に強い事務所」として、多くのお客様を紹介していただいています。

相続専門相談窓口を設置

　当事務所は、相続専門の相談窓口として、「相続手続支援センター静岡」のフリーダイヤル（0120-39-7840）をご用意しています。

　こちらにお問い合わせをしていただくと、相談員が丁寧に対応いたします。相続の相談は年間で600件以上いただいており、経験豊富なスタッフが、お客様の心配を少しでも軽減できるよう努めます。

　電話だけでは個別の相談までは伺えませんので、お問い合わせいただいたあとは、当事務所へ来ていただくか、相談員がお客様の許へ訪問します。最近ではオンラインでの相談も増え対応しております。その際の相談は全て無料ですので、お気軽にお問い合わせください。

北海道・東北　東京　関東　東海　信越・北陸　近畿　中国・四国　九州・沖縄

イワサキ経営グループ（相続手続支援センター静岡）
代表者：岩﨑一雄（東海税理士会沼津支部）、吉川正明
職員数：110名
所在地：本社（静岡県沼津市）、支社（静岡県静岡市）
ホームページ：
　相続手続支援センター静岡 http://www.souzoku-shizuoka.jp/
　税理士法人イワサキ相続税申告専用 https://shizuoka-sozokuzei.com/
相続相談窓口：フリーダイヤル 0120-39-7840

スマホでアクセス！

相続対策・自社株対策セミナーの人気講師が代表の会計事務所
年間200件の相続税申告実績に基づく高度な提案が魅力

税理士法人STR
（旧税理士法人オグリ）

小栗 悟代表

小栗 悟代表とスタッフの皆さん

税理士法人STRは、名古屋市に拠点を構える会計事務所。代表の小栗 悟税理士は相続対策や自社株対策の専門家で、多数の著書や講演活動で知られている。年間200件の相続税申告の実績があり、豊富な実績に基づく高度な提案が強み。

資産税を強みに幅広い分野で
資産家・経営者を支援

　税理士法人STRは、税理士の小栗悟が平成4年に設立した税理士事務所です。税理士6名、社会保険労務士、行政書士を含む総勢45名のスタッフが所属しており、相続専門スタッフも12名在籍しています。

　当事務所のお客様は、中小企業から上場企業まで、規模も業種も多種多様です。当事務所は相続や事業承継などの資産税を強みとしていますので、オーナー経営者の自社株対策や相続対策などを含む、幅広い分野でお客様をサポートしています。

年間200件の相続税申告で
豊富なノウハウを蓄積

　代表の小栗は、銀行勤務の後に税理士の資格を取得しました。大手監査法人で資産税部門の立ち上げに関わった経験があるほか、相続・事業承継に関する書籍の執筆や、講演活動を多数行っています。

　現在は年間200件の相続税申告を行

っており、特殊な案件に対する豊富なノウハウを蓄積しています。その結果、特に金融機関などから「相続に強い」という評価をいただいています。

また、複雑な土地評価に始まり、会社法、組織再編税制を活用した最新の事業承継対策のご提案ができることが最大の強みです。

相続の事前対策から申告後のケアまで相続人を長期的に支援

当事務所は相続発生後の手続きだけでなく、生前対策から幅広く対応しており、ご提案から実施、その後のサポートまでを責任をもって行っています。

相続対策を考える場合、相続税や贈与税をはじめとする資産税はもちろんのこと、所得税や法人税、さらには民法、会社法といった幅広い法律の知識が必要です。当事務所はこれまでに積み上げたノウハウにより、多種多様なプランのご提案をいたします。

また、併設している行政書士事務所が遺言書の作成から遺産整理手続きまで

で対応し、相続のあらゆる局面でお客様をサポートできる体制を整えています。さらに司法書士、弁護士とのネットワークを生かし、専門的で付加価値の高い業務を提供できます。

自社株対策を無料で提案する相続相談窓口を設置

当事務所では、名古屋本部に相続チームを設置しており、専門のスタッフがお客様の相談に応じています。

相続を初めて経験される方の不安が少しでも解消するように、丁寧にお手伝いをさせていただきます。また、相続が「争族」とならないために、事前の相続対策のご相談をしていただくことをお勧めしています。

初回のご相談、自社株対策のご提案などは無料ですので、ぜひお気軽にお問い合わせください。

税理士法人STR（旧税理士法人オグリ）

代表者：小栗悟（税理士／名古屋税理士会名古屋中村支部）
職員数：45名（税理士6名）
所在地：〒450-0001
　　　　愛知県名古屋市中村区那古野1-47-1
　　　　名古屋国際センタービル17F
ホームページ：http://www.str-tax.jp/
相続相談窓口：電話 052-526-8858

スマホでアクセス！

関与先1,500件以上の大型会計事務所グループ
税制を駆使した高度な提案で経営者や資産家を支援

税理士法人コスモス

35年の実績と信用
私たちにお任せください!

税理士法人コスモスは名古屋、東京、福岡に拠点をもつ大型会計事務所グループ。相続の支援に特化した資産税チームを擁し、税制を駆使した高度な自社株対策や事業承継対策の提案を得意としている。

1,500件の関与先をもつ
大型会計事務所グループ

　税理士法人コスモスは、会計事務所や経営コンサルティング会社などで構成されるコスモスグループの中核部門です。公認会計士の野田賢次郎が昭和57年に開業した会計事務所が母体となっており、税理士法人に組織変更をしたのは平成15年です。現在は、2名の公認会計士、9名の税理士を含む約50名のスタッフが所属しています。

　当事務所のお客様は、中堅・中小企業を中心に約1,500件あり、税務やコンサルティングを中心に、あらゆる業種を幅広く支援させていただいています。そのため、当事務所には中堅・中小企業の経営者、上場会社の社長や会長、資産家の方から、相続対策、事業承継のご相談が多く寄せられています。最近では、開業医の先生や医療法人などのお客様も増えています。

開業以来一貫して
相続支援業務に注力

　代表の野田は、開業以来一貫して、

相続対策支援に力を入れてきました。大規模な案件の申告を多数扱っており、現在も毎年30件以上の申告案件を扱っています。

　私たちは相続が開始してからの申告業務だけでなく、生前の相続・事業承継対策にも力を入れています。特に創業者や企業オーナーのための自社株対策については多数の実績を積み重ねています。当事務所はこの分野において業界のトップクラスの実績があり、お客様からも大変高く評価していただいています。

　また、税務調査があったときには、最後まで粘り強く対応しており、その姿勢に感動すると仰ってくださるお客様もいらっしゃいます。

次世代への自社株の
スムーズな承継を実現

　当事務所は自社株対策、事業承継対策を得意としています。合併、会社分割、株式移転、株式交換などの企業組織再編税制、グループ法人税制などを活用し、放っておくと高額になる自社株を次世代へスムーズに承継できるようにご提案しています。

　また、個人のお客様には生前に相続税の概算計算を実施し、相続税額、納税方法、遺産分割など、あらゆる角度から総合的なご提案をしています。

資産税に特化した資産税チームが
あらゆる相談に対応

　当事務所には資産税に特化した資産税チームがあり、相続専門窓口も開設しています。財産総額10億円以上の経営者の方から、1億円弱の個人のお客様まで、幅広く対応させていただいています。

　相続は、事前の対策が大切です。相続税の簡易試算、生前贈与の活用方法のご提案や遺言書の作成などもお手伝いしていますので、ぜひお気軽にお問い合わせください。初回の相談は無料にて承ります。

税理士法人コスモス

グループ代表者：野田賢次郎（名古屋税理士会名古屋中支部）
代表社員：鈴木成美（名古屋税理士会名古屋中支部）
代表社員：三好茂雄（九州北部税理士会博多支部）
社員：田口博司（東京税理士会上野支部）
社員：辻村哲志（名古屋税理士会名古屋中支部）

職員数：約50名（公認会計士2名、税理士9名、他スタッフ）
所在地：名古屋本部（名古屋市中区）、
　　　　東京本部（東京都台東区）、
　　　　福岡支部（福岡市博多区）
ホームページ：
　https://cosmos-gr.co.jp/（税理士法人コスモス）
　https://cosmos-gr.co.jp/shisanzei/
　（税理士法人コスモス資産税チーム）

相続相談窓口：名古屋本部 052-203-5560㈹　福岡支部 092-474-0313㈹

スマホでアクセス！

累計400社以上の顧問先の事業承継を支援
経営者の相続税や遺言などの相続対策にも対応

税理士法人大樹

五藤一樹代表

税理士法人大樹（愛知県一宮市）は、五藤一樹税理士が代表を務める会計事務所。経営コンサルティングによる黒字化や事業承継、相続に豊富な実績を持つ。事業承継の専門チームを設け、経営者・後継者のためのサポートを行う。

経営支援を続けて25年
多様なニーズに応じる会計事務所

　税理士法人大樹は、1996年に愛知県一宮市で開業しました。経営者をサポートする会計事務所として、会計・税務の支援はもちろん、コンサルティング業務や人事労務など顧問先の多様なニーズにお応えしています。税理士9名を中心とする総勢60名のスタッフが在籍し、顧問先のお困り事について、さまざまな形で支援できる体制を整えています。

　経営理念は、「しあわせ」です。ご相談をいただいた皆様のしあわせを実現できるように、日々業務に取り組んでいます。

累計400社の事業承継支援と
年100件の相続対策の実績を持つ

　当事務所の経営支援によって、コロナの影響を受ける前までは、約8割の顧問先の黒字経営を実現していました。コロナ禍においても、資金繰りの支援、補助金・助成金の対応、新規ビジネス立ち上げの支援など、苦しい経営環境にある経営者の悩みに柔軟に対応しています。

　経営支援の中でも事業承継の問題はと

ても難しく、長期的なプランが必要です。当事務所では15年以上に亘って顧問先の経営計画を累計400社以上作成し、事業承継の問題解決に寄与してきました。

また、事業承継を成功させるには、経営者個人の財産承継をスムーズに行うことも重要です。そのため、相続税のシミュレーションや遺言書作成、相続発生後の遺言執行や相続税申告にも、年間100件以上携わっています。

事業承継の専門チームによる長期的な支援を実施

当事務所の大きな特徴は、専門チームを設けて、事業承継を進めるために必要なサービスを提案、実施していることです。

お客様には、まず「承継の日」という当事務所のセミナーに参加していただき、事業承継に必要な論点を整理して、その方向性を考えていただきます。セミナーへの参加は経営者のみでも、後継者となる親族や従業員と一緒に参加していただくことも可能です。

事業承継の方向性が決まれば、具体的な事業承継計画を作成し、計画実施のための支援を行います。事業承継計画の実施には数年間かかりますので、その間、経営者をしっかりサポートすることが大切です。経営環境の変化によって計画変更を余儀なくされることもありますが、その場合は計画を修正し、円滑な事業承継を目指します。

経営管理のDX化で事業承継を支援

事業承継の実施をきっかけに、経営管理のDX化に取り組む経営者も多くいらっしゃいます。経営者が長年培ってきた感覚や大切なものを、どのようにして後継者に伝えるのか？ 経営者の考え方を生産性向上に必要な経営管理のDX化とともに再確認し、仕組みに取り入れていきます。

経営管理のDX化の過程を経営者と後継者や経営幹部と進めることで、事業承継を円滑に進めるだけでなく、事業飛躍の原動力となっています。

事業承継にはさまざまな進め方があります。お気軽にご相談ください。

税理士法人大樹

代表者：五藤一樹（税理士／東海税理士会一宮支部）

職員数：60名

所在地：愛知県一宮市せんい2-9-16 ササキセルムビル4階

ホームページ：http://taizyu.jp/

相続相談窓口：電話 0586-76-8857

年間約200件の相続・事業承継の相談・問い合わせに対応
任意後見契約を活用し、お客様の思いと財産を守る

東名経営税理士法人／東名行政書士法人
東名グループ

吉川寿一代表

相続セミナーの様子

東名経営税理士法人（愛知県名古屋市）は、吉川寿一税理士が代表を務める相続・事業承継を専門とする会計事務所。中小企業の経営者の高齢化と事業承継が社会的に注目されるなか成年後見制度にいち早く着目し、経営者の認知症発症リスクに備えた相続・事業承継対策を提案する。

成年後見業務に造詣が深い
相続・事業承継特化の会計事務所

東名経営税理士法人は、税理士の吉川寿一が平成16年に設立した会計事務所です。代表の吉川を含む2名の税理士と、東名行政書士法人が擁する5名の行政書士を含めて、グループ全体で総勢13名のスタッフが在籍しています。

当法人は相続を専門にしています。お客様は、一般の個人の方や中小企業の経営者様です。相続対策はもとより、事業承継に関する

ご相談も数多くいただいています。

代表の吉川は、成年後見制度が施行された当時からこの制度に着目し、相続・事業承継の先を見据えた、税理士による成年後見業務を推進してきました。

経営者の認知症発症リスクに備えた
サポートプランが人気

相続・事業承継に関するご相談やお問い合わせは、年間200件程度いただいております。殊に事業承継に関しては、近年の経営者の高齢化に伴い、ご高齢の経営者様からのご相談

はもちろん、その経営者様を顧客に持つ税理士の先生方からのお問合せも増加しています。

現在特許申請中の、経営者様の認知症発症リスクに備えたサポートプランは、万が一、経営者様が認知症になった場合にも、任意後見制度を活用することによって、その経営者様の事業を守ることができるようにしたもので、ご相談いただいた税理士の先生方からも大変好評です。

任意後見契約による財産管理で 認知症発症後もお客様を守る

当法人の最大の特徴は、相続・事業承継だけにとどまらず、成年後見制度の活用によりご存命中の財産を管理し、お客様の資産を守ることができる点です。相続対策といえば、一般的には相続税の負担軽減策や遺族が争わないための争族対策、納税用の資金対策等が考えられます。当法人ではそれらの相続対策と並行して、税理士が任意後見を担うことにより、ご存命中も、市場の動向に応じた財産管理を行い、お客様の資産を保全しています。また、任意後見契約の「身上保護」に関しては、提携する医療機関と連携したサポートを提供しています。

これらのサービスは、会社経営者様やお身内に迷惑をかけたくないとお考えのご高齢のお客様から大変喜ばれています。

フリーダイヤル・メール・LINEから 無料相談可

当法人では、ご相談は何度でも無料で受け付けています。フリーダイヤル、メールまたはLINEからお気軽にお問い合わせください。詳しくはホームページをご覧ください。

ご相談内容に応じて専門のスタッフが、お客様のご都合に合わせて対応いたします。無料出張相談も承りますので、ご希望の方はお申し付けください。

また、セミナーも随時開催しています。特に、認知症と相続をテーマにしたセミナーは毎回多数のお客様にご来場いただいています。

東名経営税理士法人／東名行政書士法人（東名グループ）

代表者：吉川寿一（税理士／名古屋税理士会 中支部／名古屋税理士会成年後見支援センター指導員）

職員数：13名（税理士2名・行政書士5名）

所在地：愛知県名古屋市中区錦三丁目23-18 ニューサカエビル4階

東京オフィス（東名行政書士法人）：東京都港区赤坂7-9-3赤坂三真ビル201

ホームページ：https://tomei-k.com/

相続相談窓口：フリーダイヤル 0120-575-112

スマホでアクセス！

北海道・東北
東京
関東
東海
信越・北陸
近畿
中国・四国
九州・沖縄

70年の歴史を持つ老舗会計事務所
愛知県刈谷市近郊の経営者・資産家を手厚く支援

渡部薫夫税理士事務所

渡部薫夫代表

相続案件に精通するスタッフの皆さん

渡部薫夫税理士事務所（愛知県刈谷市）は、開業から70年の歴史を持つ老舗会計事務所。刈谷市近郊の事情に精通しており、相続・事業承継に関する豊富なノウハウを有する。相続に対するお客様の悩みや不安を和らげ、無駄な税金を1円たりとも払わずにすむように徹底サポート。

70年の歴史を持つ
地域密着型会計事務所

　渡部薫夫税理士事務所は、70年の歴史をもつ会計事務所です。先代が昭和26（1951）年に開業し、現在は税理士の渡部薫夫が代表を務めています。副代表の税理士1名、社会保険労務士1名を含む9名という体制で、愛知県刈谷市近郊の経営者、資産家の皆様を支援しています。

　当事務所のお客様は、製造業が盛んな土地柄もあり、自動車関連企業や不動産賃貸業が中心です。これに加えて、昨今では医師の開業支援など、他業界のお客様のお手伝いをさせていただく機会が増えてきました。

　相続は人生の一大事ですので、やはり地元に事務所を構えていて、信頼できる相談相手を探しておられる方が多いようです。当事務所は刈谷市で長年相続支援に取り組んでいますので、この地域ならではのノウハウを豊富に蓄えており、安心してご相談いただけます。当事務所の年間の相続税申告件数は約30件で、それ

に付随して、贈与税や譲渡所得税の案件も多く扱っています。

ご支援をしたお客様の声は、当事務所の相続税専門サイト「相続あんしん.net」(http://www.souzoku-anshin.net/)に掲載していますので、ぜひご覧ください。

課税庁との交渉に万全の対策
書面添付も積極的に活用

私たちは、①に円満な相続、②に納税資金の確保、③に節税対策を心がけております。そして、お客様の相続の悩みを可能なかぎり軽くすること、無駄な税金は1円たりとも支払わずにすむようにすることを重視しています。

財産評価（特に土地の評価）の際には、必ず現場に赴き、合法であることを前提としつつも、無駄な税金を支払わずにすむように入念な検討を行います。財産評価には判断の難しいグレーゾーンもありますが、お客様にご安心していただくために、租税法学者とも提携し、また課税庁との交渉も綿密に行っています。

当事務所では、お客様のご了解のもと、財産の調査や評価の方法などを記載した「書面添付」制度を積極的に活用しています。課税庁は書面添付の内容を尊重しますので、臨場調査件数が数年に1回程度という頻度となり、お客様の負担軽減につながるものと自負いたしております。

このほかにも、事業承継支援の一環として、経営者の皆様のために「後継者塾」を開催しています。塾を中心とする活動により、後継者の方々が自信をもって経営に携われますよう、入魂のサポートをしております。

他士業とも連携し
さまざまなご相談に対応

相続に関するご相談は、いつでも初回は無料で応じています。相談の門戸は、温かく開いています。

司法書士、弁護士、行政書士、不動産鑑定士、宅建士の方々と連携しており、さまざまなご相談に応じられるようにしています。相続についてより良い途がみつかりますよう相続セミナーを年に数回開催しており、その場で相談も受けています。ご興味があればぜひお問い合わせください。

渡部薫夫税理士事務所

代表者：渡部薫夫（税理士／東海税理士会刈谷支部）
副代表：松下昌義（同上）
社会保険労務士：渡部千鶴
職員数：9名
所在地：〒448-0857
愛知県刈谷市大手町1-50
ホームページ：
　https://www.office-ote.com/
相続税専門サイト：
　http://www.souzoku-anshin.net/
相続相談窓口：0120-23-0095

スマホでアクセス！

地域に根ざす、新潟県屈指の大型会計事務所
豊富なノウハウに基づく提案力と多様な専門家を揃える手厚い体制が強み

税理士法人 小川会計
小川会計グループ

小川 健代表

相続・遺言サポートチームの皆さん

税理士法人小川会計は、新潟県全域に展開する大型会計事務所。創業以来高度なサービスの一つとして相続支援を行っており、直近5年間に450件超の支援実績を誇る。専任の担当者による専門的かつ丁寧な支援が持ち味。

新潟に根ざす大型会計事務所

　税理士法人小川会計は、代表社員・税理士の小川 健が昭和54年に開業し、平成17年に法人化した会計事務所です。新潟市内に４つの本支店を構え、代表社員を含む10名の税理士、総勢79名のスタッフがお客様をご支援。平成31年に創業40周年を迎えました。
　当社のお客様は個人事業主から中堅企業まで幅広く、エリアは地元新潟市を中心に、新潟県内全域に広がります。

業種は医業、建設業、農業が多い傾向です。通常の会計・税務のほか、給与計算や人事労務、経営計画支援やMAS監査など、地域の発展のためにと総合的かつ高度なご支援に努めてきました。

直近5年間に450件超の
豊富な相続支援実績

　相続支援には創業以来長年取り組み、実績を伸ばしてきました。申告の他、生前対策にも力を入れています。当社は法人の税務顧問のお客様が多いこと

から、事業承継まで視野に入れた経営者向けの提案を数多く手がけています。おかげさまで直近5年間に、相続税申告と相続対策支援を合わせて450件超という、新潟県内ではトップクラスの実績を挙げられるまでになりました。

また近年「一般社団法人小川会計相続支援センター」を設立。相続診断士4名が、相続時のトラブルを防ぐ遺言書の作成支援を行っています。お客様からは「詳しく教えてもらえた」等のお声を頂いています。

手厚い専門家体制で相続人を支援

当社では、長年相続に携わったベテラン税理士やスタッフが、的確で丁寧な対応を心がけています。国税OB税理士も在籍し、申告書のチェックから税務調査対応までしっかり行います。常に経験・ノウハウを共有しながら、お客様に最適なご支援ができるように努めています。

さらに、司法書士・弁護士などの他士業とも連携していますので、不動産の相続登記や売却等アフターフォローまで対応できます。

丁寧にお話をお伺いします

経験豊富な当社の税理士やスタッフに、お客様のお話をお聞かせください。初回相談は無料です。

特に、生前の相続対策を支援する「小川会計相続支援センター」はフリーダイヤルもご用意しています。女性の相談員が、元気・丁寧にお客様のお話を伺います。いつでもお気軽にお問い合わせください。

争続・争族なく、ご家族皆様が納得できる円滑な相続のお手伝いをさせていただきます。

税理士法人 小川会計
代表者：小川健（税理士／関東信越税理士会新潟支部）
職員数：79名（税理士10名）
所在地：〒950-0812 新潟県新潟市東区豊2-6-52（本店）
ホームページ：https://www.ogawakaikei.co.jp/
代表電話：025-271-2212
遺言相談窓口：小川会計相続支援センター 0120-17-0556
本店の小川会計ビル

税理士、公認会計士、司法書士、行政書士、社会保険労務士が在籍
一つの窓口ですべての相談に対応

税理士法人合同経営会計事務所
福井相続サポートセンター

福井相続サポートセンターの皆さん

合同経営会計グループ（福井県福井市）は、熊木克英税理士が代表を務める税理士法人をはじめ、他の士業法人等で構成され、総勢245名の職員とともに、年間400件の相談に対応。相続税の申告はもちろん、財産の名義変更や年金の手続き、資産運用などの相談についても対応可能。

税理士、公認会計士、司法書士、行政書士、社労士が所属

　合同経営会計グループは、1957年に創業し、現在、税理士24名、公認会計士4名、司法書士3名、行政書士3名、社会保険労務士6名を含む総勢245名のスタッフが所属しています。

　福井県で創業65年を数え、現在までに多くの相続税申告等の実績を積みました。相続対策に関する知識、経験ともに豊富な事務所です。

年間400件の相談に対応する「福井相続サポートセンター」

　相続専門の部署として、2011年に「福井相続サポートセンター」（以下、「サポートセンター」）を立ち上げました。年間約400件の相談を受け、さまざまな事例に対応しています。相続は、一人ひとりに対する解決策がそれぞれ異なりますので、対応にあたる専門家の経験や実績がものをいいます。サポートセンターは、豊富な知識と経験をもとに、ご相談者様にとって最良と

思われるご提案を、親身になって行います。

従来の相続手続きは、お客様自身が何をすべきかを考え、あちらこちらの専門家へと個別に相談するパターンがほとんどでした。さまざまな場所に何度も足を運ぶ必要があるため、これには膨大な時間と手間がかかってしまいます。サポートセンターでは、一つの窓口に相談すれば、ほぼすべての手続きを完了できるため、お客様から「あちこちへ足を運ばなくて済むので助かる」と感謝されています。

幅広い相続手続きに対応中
資産運用の相談も可能

サポートセンターでは、同じ建物内で、相続税に関する相談から相続税の申告手続き、預貯金や不動産などの名義変更手続き、年金受取り手続き、相続財産の運用相談までをまとめて済ませることができます。

各専門家によるトータルサポートが受けられることは、お客様から大変ご好評をいただいています。

また、規模が大きく、有資格者も多数在籍しているため、廃業などの心配がありま

せん。二次相続が発生した際など、将来にわたってサポートすることが可能です。

Zoom相談にも対応
初回無料・土日祝日も対応

サポートセンターでは、相続に関する相談を初回無料で受け付けております。まずはお電話（0120-57-2370）にてお問い合わせください。

また、忙しくて福井本社まで足を運ぶ時間がない方のために、坂井、奥越、武生の3箇所に支所を設け、県内全域の相談に対応しています。さらに、Zoomでのオンライン相談サービスも実施しております。

平日は忙しくて時間が取れないという方は、土日祝日や17時以降でも対応可能です。

必要に応じて、相続の場に各専門家を呼び、より具体的な相談ができる体制も整えています。

相続で困っている方はもちろんのこと、遺言の作成や財産の贈与を検討している方もぜひお気軽に相談していただければと思います。

合同経営会計グループ

代表者：熊木克英
所属税理士会：北陸税理士会
職員数：245名（うち税理士24名、公認会計士4名、司法書士3名、行政書士3名、社会保険労務士6名、ファイナンシャルプランナー4名）
所在地：福井県福井市西開発1丁目2503番地1
事務所ホームページ：https://godokk.net/
福井相続サポートセンター：http://www.souzoku-fukui.com/
相続相談窓口：電話 0120-57-2370

スマホでアクセス！

2,000件超の相続税申告と関連する各種手続きの実績を持つ老舗会計事務所
様々な士業とのネットワークと豊富なノウハウを駆使して相続問題を円満解決

税理士法人ソリマチ会計
相続手続支援センター新潟第1

反町秀樹代表

相続案件に精通するスタッフの皆さん

税理士法人ソリマチ会計（新潟県長岡市）は、新潟県で2番目に設立された老舗会計事務所。延べ相続申告2,000件超という突出した実績を持ち、相続問題を円満に解決する豊富なノウハウを持っています。グループ会社には、業務システムメーカーとして全国的に有名なソリマチ株式会社があります。

新潟県で2番目に設立された歴史ある会計事務所

税理士法人ソリマチ会計は、税理士・社会保険労務士・行政書士・不動産鑑定士だった創業者が1955年に開業した会計事務所で、新潟県長岡市に本社があります。設立以来60年以上にわたり、県内外のお客様のご支援を続けてきました。現在は、代表税理士を含む4名の税理士を中心に、通常の税務・会計はもちろん、別会社の社会保険労務士法人で展開する法務コンサルティングや、IT関連技術を駆使した専門サービスまで幅広く展開しています。

先端技術とノウハウを活用して相続問題を解決

「経理は会社を良くするもの」というのは当事務所の創業者の思いであり、私たちは現在もその考え方を大切に継承しています。中小企業の税務や会計のご支援に始まり、相続の申告もこれまでに約2,000件以上手掛けています。近年の相

続においては、遺産分割時における争いが少なくありません。お客様が笑顔で相続を済ませるために、当事務所では税理士が中心となり、あらゆる角度からご支援をしています。

当事務所では、グループ関連企業が中心となり、近年注目されているRPA（仮想知的労働者による業務自動化）などの先端技術の研究と活用に徹底して取り組んでいます。そしてIT会計事務所として、お客様には最先端のサービスを提供しています。重要なデータの収集や保管、情報の加工から税務申告に至るまで、様々なIT技術を駆使しながら、適正かつお客様に信頼していただける相続税申告を実現するとともに、お客様が特に心配される税務調査に関しても、月次監査から申告に至るまで、不備を根絶するマニュアルを完備し、万全の対策を講じています。

気軽に相談できる
無料相談窓口を設置

当事務所には、新潟県新潟市に相続専門部門である相続手続支援センター新潟第1があり、初回無料相談窓口を設置しています。当センターでは、専門の相談員が、相続発生時のさまざまな手続きや、相続税の申告、その後の対応に至るまで、多様な士業と連携しながら新潟県内全域をサポートしています。

いざ相続が発生すると、何をすればよいのか迷うのが普通ですし、近年では一般のサラリーマン家庭の方々も、相続問題と無縁ではなくなりました。どんなお悩みをお持ちでも、当センターにお問い合わせいただければ、お客様の意向を丁寧に整理し、相続をスムーズに進められるようにご支援いたします。

お気軽に当センターまでお問い合わせください。

税理士法人ソリマチ会計（ソリマチグループ）
代表者：反町秀樹（税理士／関東信越税理士会長岡支部）
職員数：45名（税理士4名、社会保険労務士、行政書士）
所在地：〒940-0056　新潟県長岡市呉服町2-2-33 ソリマチ第1ビル
ホームページ：https://www.sorimachi-keiei.co.jp
相続相談窓口：電話番号0258-36-2510（当社HPよりメールにて相談可能）

相続手続支援センター新潟第1
相談員代表：横田靖男
所在地：〒950-0084　新潟県新潟市中央区明石1-7-17 ソリマチ第7ビル6F
ホームページ：https://www.sozoku-tetsuzuki.jp
相続相談窓口：電話 025-255-1600

スマホでアクセス！

首都圏で得た経験を武器に
新潟県の事業承継・相続税の問題をお客様目線で解決する
真野税理士事務所

眞野 禎太代表

真野税理士事務所がある新潟市の街並み

真野税理士事務所（新潟県新潟市）は、眞野禎太税理士が代表を務める提案型の税理士事務所。開業して間もない新しい事務所であるが、経験と専門知識を生かし、他の士業と連携しながら、ワンストップで事業承継・相続税に対応する。

事業承継と相続税を専門とする
新潟県の税理士事務所

真野税理士事務所は、令和元年に新潟県で開業した、独立して間もない事務所ですが、代表の眞野には15年以上にわたる税理士業界での経験があり、その半分以上が東京で培われたものになります。

当事務所の専門分野は「事業承継」と「相続税」です。これらの分野は、その性質から圧倒的に、首都圏に事例が集中しています。当事務所では、眞野の実務経験を生かし、新潟県のお客様に、親身になって日々対応しています。

首都圏で培った経験から
お客様目線のサービスを

眞野には、事業承継対策として現在行われている手法のほぼすべての実務経験があります。新潟県では事例の少ない、相続税や贈与税が全額猶予・免除される「事業承継税制の特例」についても経験があります。数ある手法の中で、最もお客様の意に沿えるスキームの提案を心掛けています。

相続税については、税務調査のときに

お客様が不安にならないようにすることを第一に考えています。そのため、面談を重ねる中で、お客様自身にも相続税についてのご理解を深めていただくことを心掛けています。

また、相続した土地の財産評価については、首都圏よりも地方にある土地の方が、実は難易度が高いです。特に市街地農地等は、同じ専門家でも知識と経験で評価額が大きく異なるため、経験豊富な不動産鑑定士と連携を取って業務を進めています。

お客様には代表税理士が完全対応

当事務所の大きな特徴は、事業承継・相続税業務についてのお客様対応を、眞野がすべて一人で行っている点にあります。

事業承継・相続税業務は、税理士の業務の中でも難易度・リスクが最も高い業務です。経験や資格のないスタッフが一部の補助業務を行い、結果的にお客様に大変な迷惑をかけてしまったケースを多く見てきました。そのため、これらの業務は、すべて税理士一人で対応するべきであるとの方針を定めています。

申告書のチェックや事例相談については、事業承継や相続税を専門とする税理士（国税出身者を含む）・不動産鑑定士・司法書士・弁護士と緊密に連携して行っています。この体制によって、ミスの無い申告と提案ができることに加えて、税務以外の問題にもワンストップで対応することができています。

初回相談は無料 新潟県全域で対応中

初回相談は無料です。お気軽にお問い合わせください。原則、新潟県全域のご相談に対応いたします。

当事務所は「お客様の悩みを共有し、お客様と共に課題の解決を目指してゆくこと」を経営理念としている提案型の税理士事務所です。単純な記帳代行や事務処理だけではなく、プロによる公平で独立した立場からのサジェスト（提案）を期待されるお客様は、ぜひお悩みをご相談ください。

真野税理士事務所（MANO TAX ACCOUNTANT OFFICE）

代表者：眞野 禎太（マノ テイタ）（税理士／関東信越税理士会新潟支部）

職員数：1名（税理士1名）

所在地：2022年1月より新潟市中央区内の新事務所へ移転予定。

※詳細等はホームページをご覧ください。

ホームページ：https://mano-tax.com

相続相談窓口：メール tmtax29837@gmail.com

スマホでアクセス！

北海道・東北

東京

関東

東海

信越・北陸

近畿

中国・四国

九州・沖縄

事業承継や相続をトータルでサポート
国税OB税理士との連携で税務調査も万全に

株式会社 エスエムオー
左近照麗税理士事務所

左近照麗代表

相続案件に精通するスタッフの皆さん

株式会社エスエムオー／左近照麗税理士事務所（京都府京都市）は、左近照麗税理士が代表を務める会計事務所。相続税申告はもちろん、経営者や一般のお客様からの節税対策、事業承継、遺言などの相談に対応し、お客様ごとに最適な解決方法を提案する。

歯科医院などの事業を
トータルで支援する

当社は、平成9年に開業しました。当社のお客様で最も多い業種は歯科医院で、件数は約200件です。そのほとんどに対し、当社では、物件のご紹介、事業計画の作成や内覧会等のイベント開催など、新規開業からお手伝いをさせていただきました。他の業種にも、成長意欲の高いお客様が多数いらっしゃいます。当社では、こうしたお客様のために、開業から事業承継まで、お客様の夢・ビジョンの実現をトータル的にサポートしています。

事業に対する支援以外にも、当社では、相続税申告、事業承継、相続税対策、遺言のサポートなどに力を入れています。最近では、経営者でない一般のお客様からの相続のご相談も増えています。

年間約50件の相続税申告の実績あり

当社が行う相続税申告の件数は、年間約50件です。

申告業務のほかにも、歯科医院をはじめとする事業家、経営者、資産家等のお客様からいただく相続税対策、事業承継、遺言のご相談に応じています。ご相談に対して当社は、お客様にいろいろなご提案をさせていただきながら、お客様がベストな意思決定を行えるようにサポートをしています。

士業や国税OB税理士と提携し、相続の問題を解決

当社の大きな特徴は、親身になってお客様からお話を伺い、お客様が抱えている問題を、当社のスタッフと、提携先の士業事務所で解決することです。代表的な提携先は、弁護士事務所や司法書士事務所になります。まずは当社でお客様のお話を伺ってから、提携先とのネットワークをフル活用して、問題解決をサポートいたします。

また、相続税の申告は、国税OB税理士と連携して行いますので、税務調査等の対応も万全です。

無料相談窓口を設置税理士や専門スタッフが対応

当社は相続相談窓口を設置しており、代表の左近や相続に対する経験の豊富な資産税課のスタッフ3名が、お客様のご相談に応じています。

初回相談は無料です。初めて相続を経験される方や遺言等を考えられている方にも、丁寧でわかりやすいご説明をするように努めています。

また、提携先の弁護士事務所や司法書士事務所への初回相談も無料とさせていただいていますので、ぜひお気軽にお問い合わせください。

北海道・東北

東京

関東

東海

信越・北陸

近畿

中国・四国

九州・沖縄

89

40年以上の経験を積んだ税理士がわかりやすい説明で対応
税務申告から税務調査の対応まで、相続をトータルサポート

税理士法人銀河 岸原会計

岸原宏明代表

税理士法人銀河 岸原会計（兵庫県尼崎市）は、岸原宏明税理士が代表を務める会計事務所。相続税申告、生前贈与による節税、不動産の取り扱い、法人の事業承継、税務調査の対応まで、相続に関するトータルサポートを得意とする。

相続税・贈与税に
40年以上の業務経験

　税理士法人銀河 岸原会計は昭和61年に開業した会計事務所です。代表の岸原は昭和55年に富裕層の多い芦屋で会計人としてのキャリアをスタートさせ、40年以上にわたり税務、相続・資産税の経験を積んできました。その経験が、他に負けないハイレベルな事務所に成長させたと自負しています。お客様の相続・事業承継における課題やお悩みに対して、「お客様の幸せに貢献する」の信念でご支援しています。

長年の経験で
お客様にとってのベストを導き出す

　相続税申告業務、生前贈与、税務調査の立ち会い、不動産の取り扱い、会社承継など、様々な相続案件をトータルでサポートします。長い年月をかけて蓄積した知識と実績で、お客様のお悩みを解決するベストな方法を導き出し、迅速に実行いたします。

銀河 岸原会計の5つの強み

①節税を考えた相続税申告

　相続税申告は、当事務所の得意分野のひ

とつです。お客様のご意向を最優先としな
がら、不動産の評価額等を見直して節税に
努めます。二次相続の情報もご提供します
ので、将来的な節税方法もご理解いただけ
ます。

②生前贈与のサポート

　相続税の節税に有効な生前贈与ですが、
適切な方法で行わなければ、かえって税金
が多く発生するなど、不利益を被る可能性
があります。当事務所では、節税できる生
前贈与をしっかりとサポートいたします。

③厄介な税務調査への立ち会い

　税務調査の対象になった場合、税金を追
徴されるケースが大半です。特に相続税は
税務調査が行われる確率が高く、毎年多く
の人が追加で税金を納めていると考えられ
ています。当事務所はお客様の税務調査に
立ち会い、調査官とのやりとりを担います。
税金のことを熟知した私たちが間に入るこ
とで、余計な税金を納めずに済むよう対処
することができます。

④不動産アドバイス

　遺産分割で問題になりやすいのが不動産
です。場合によっては処分した方がいいケ
ースもあります。当事務所は、お客様のご
意向を確認し、お客様にベストマッチなご
提案をいたします。

⑤会社承継にも対応

　事業承継は、相続税等の負担を考慮しな
がら、経営者が所有する自社株や不動産等
の財産を後継者へ引き継がせることが重要
です。生前贈与、遺言、会社法、自社株の
納税猶予制度などをフル活用しなければな
りません。万全のサポートで、税務と経営
を考慮した「強い会社」になる事業承継方
法をご提案いたします。

気軽に相談できる
無料相談窓口を設置

・電話相談可

・土日祝日可（事前にご予約ください）

・出張相談可

　初回相談は無料です。心理的・経済的・
時間的に、何かとハードルが高い印象をも
たれるのが会計事務所です。そのようなご
負担をお客様におかけしないよう、難しい
用語を使わないご説明など、丁寧な対応を
心掛けております。

税理士法人銀河 岸原会計
代表者：岸原 宏明（税理士／近畿税理士会尼崎支部）
ラジオ出演：エフエムあまがさき
　　　　　「モーニングアベニュー『あまコミBOX』コーナー」
職員数：9名
所在地：〒661-0044 兵庫県尼崎市武庫町1-32-16
ホームページ：https://www.lic-k.com/
相続相談窓口：電話 0120-33-99-74

スマホでアクセス！

生命保険などの金融商品や海外投資に精通
社長、医師、地主などの資産管理を支援

ニッケイ・グローバル株式会社

大田 勉代表

大田氏の著書

ニッケイ・グローバル株式会社（大阪府大阪市）は、大田 勉氏が代表を務めるFP会社。国内外の金融商品や不動産を活用した相続対策を得意とする。家族信託を活用した認知症対策も好評で、円満な相続を迎えるためのセミナー講師としても活躍中である。

社長専門のFP会社
会社と社長にお金を残す支援を

ニッケイ・グローバル株式会社は、ファイナンシャルプランナーの大田 勉が平成21年に開業したFP会社です。当事務所のお客様は、中小企業のオーナー、ドクターや土地のオーナーになります。会社と社長、そして社長のご家族にお金を残す手法「55連発」を駆使し、「可処分所得を増やす！」「次の世代に上手に残す」など目からウロコの対策で、年間300名を超える社長の支援をしています。

代表の大田は、Million Dollar Round Table（百万ドル円卓会議、本部アメリカ）成績資格終身会員です。日本の金融マンやFPの上位3%の成績を、21年前から連続でクリアしています。

相続の実績は500件超
生命保険や海外の金融商品に精通

代表の大田は、生命保険を活用した相続・認知症対策・事業承継対策の提案を得意とし、独自の技術を有しています。9年

ほど前からは、保険販売員向けの研修で、講師を務めるようにもなりました。

また、20年を超える海外投資の経験を生かし、プライベートバンクから海外の金融商品を活用する相続対策にも精通しています。海外投資を活用した大型案件も含めて、現在、国内外の相続案件の実績は500件を超え、お客様から信頼をいただいています。

投資や資産管理の専門知識で
相続のリスクに備える対策を実施

当社の大きな特徴は、国内外の金融商品や不動産への投資に精通していることと、代表の大田が家族信託に精通していることです。

このことを生かし、相続の2大リスクとされる、オーナーの「死亡」と「認知症」を同時に解決できる対策を、お客様のために提案することができます。

具体的には、相続の納税資金対策・争続対策・節税対策の具体的な手法を提案し、円満で円滑な相続をサポートしています。

また、代表の大田によるセミナーも好評をいただいています。7年前からJAの相続専任講師として担当する「円満相続と認知症対策セミナー」では、350回以上の講師を務めました。そのほかにも「50歳を超えたら真剣に考えるべき、社長の認知症・円満相続セミナー」では、100名単位で参加されるお客様もいらっしゃるほどご好評をいただいています。

初回無料　Zoom相談も可能
財産が気になる方はお早めに

当社は相談窓口を設置しており、個別相談・個別Zoom相談を受け付けています。初回相談は無料です。ご加入中の生命保険などのチェックも無料で対応いたします。

特に、ご高齢で体況が悪くても加入できる生命保険で相続対策をしたい方や、認知症・介護の対策と相続対策を同時にしたい方は、目からウロコが落ちる解決法をご提案します。

国内外の金融商品・不動産・自社株などの資産が気になる方は、早期に相続の事前対策をご相談されることを強くお勧めします。

ニッケイ・グローバル株式会社

代表者：大田 勉
職員数：4名（海外法人・関連会社含め50名）
所在地：〒550-0005
　　　　大阪市西区西本町1-8-2 三晃ビル4階
ホームページ：http://nikkei-global.com/
相続相談窓口：電話 06-6535-8808

スマホでアクセス！

日本経営グループのメンバーファーム
相続の専門家を多数擁し、相続サロン「REXIED/レクシード」を開設
国際相続など難度の高い案件にも多くの実績

日本経営ウィル税理士法人
日本経営グループ

梅田相続サロンのエントランス

梅田相続サロンの応接室

創業53年超、日本屈指の大型会計事務所である日本経営ウィル税理士法人は、相続に関する多様な専門家を擁する。また新たに相続専門のサロンを開設し、リラックスできる環境で丁寧に対応する。遺言、信託や不動産の活用、国際相続等の難度の高い相続対策や申告に実績をもつ。

「日本経営ウィル税理士法人」は、税理士等の各種士業及びコンサルタント等を有する国内有数のコンサルティンググループ「日本経営グループ」の一員／メンバーファームです。毎年800件を超える相続・贈与に関する相談を受けているほか、国際相続案件から生前相続対策まで多くの実績があります。大阪と東京に拠点を構え、税理士44名、公認会計士7名、社労士3名、建築士1名、中小企業診断士1名を含む、総勢319名が所属しています。

当事務所は、資産家、中小企業、医療機関、上場企業オーナーといった方々の相続、事業承継問題に古くから携わってきました。こうした経験や実績をもとに、税務申告だけでなく、高度な専門知識を要する対策の立案、贈与提案、遺言書作成から、相続発生後の手続きまで、幅広い相続、事業承継のご支援を行っています。

各種専門家がトータルで
相続対策を提案

当事務所には、遺言、事業承継、信託、国際相続、不動産等様々な専門家がそろっています。相続に関するあらゆる分野の専門家が結集し、単なる申告書の作成業務にとどまらず、顧客の

ニーズを踏まえ、安心していただける相続対策を提案させていただきます。

企業オーナー様の事業承継、不動産オーナー様の資産承継、海外に財産がある場合の国際相続にも多数の実績があります。相続について最適な準備をしたいとお考えの方は、ぜひご相談ください。お客様のご相談の内容に合わせ、オーダーメイドでぴったりの対策を提案させていただきます。

相談事例

資産や想いの承継は、相続を考える上で最も重要です。他方、世の中や地域社会、ご家族や資産の状況は確実に変化しますから、その変化に対応しながら、その都度、最適に対応することも重要です。以下は、そのような考えのもとで、私たちが対応させていただいた相談事例です。

(1)父は多くの不動産を所有しているため相続が発生したときに相続税がどれくらいになるか、おおよその額を知りたい。その上で、納税資金で苦労しないように対策を行っておきたい。

(2)認知症になると、財産管理ができなくなる

と聞くが、収益不動産の管理が不安だ。

(3)相続税の申告を行った後、税務署の調査があるのかどうかを考えると不安だ。調査に来られることがないよう、適正な申告を行って欲しい。

みなさまの不安に寄り添いながら、安心いただける提案を行わせていただきました。

専門の窓口で丁寧な対応 (ウェブ対応も可能です)

既に相続が発生していて対応を必要とされている方や相続対策についてご相談がある方、まずは電話、メールでご連絡いただくか、ウェブサイトより相続サロンへの来館予約を行ってください。

専門家がお客様のお話を伺い、相続の全体像をお話しさせていただきますので、不安を払拭することが可能です。また、ご要望を踏まえてより安心な相続対策を提案させていただきます。

なお、ご相談いただく際には費用は頂いておりません。

また、ご相談いただいた方には、当事務所が主催する相続に関するセミナー等へのご案内も、別途行わせていただきます。

日本経営ウィル税理士法人（写真は大阪本社）

代表者：東 圭一
職員数：319名（税理士44名、公認会計士7名、社労士3名、建築士1名、中小企業診断士1名（令和3年1月1日現在））
拠　点：大阪本社、大阪事務所、大阪梅田事務所、東京事務所
所属税理士会：近畿税理士会、東京税理士会
ホームページ：https://rexied.nktax.or.jp/
当事務所は日本経営グループのメンバーファームです（https://nkgr.co.jp/）

相続相談窓口
大阪　担当　小林
電話：06-6485-8905
メール：sachio.kobayashi@nkgr.co.jp
東京　担当　近藤
電話：03-5781-0760
メール：fumiya.kondo@nkgr.co.jp

スマホでアクセス！

北海道・東北
東京
関東
東海
信越・北陸
近畿
中国・四国
九州・沖縄

相続税の申告・相続対策の実績は300件以上
大手税理士法人出身の税理士が丁寧に対応

越智聖税理士事務所／株式会社聖会計
えひめ相続あんしんセンター

越智 聖代表

越智聖税理士事務所のオフィス

越智聖税理士事務所（愛媛県松山市）は、越智聖税理士が代表を務める会計事務所。「えひめ相続あんしんセンター」を開設し、提携先の士業や不動産、保険の専門家と協働して相続に関する相談にワンストップで対応する。

多種多様な事業や相続を支える
会計事務所

越智聖税理士事務所は、税理士の越智聖が平成27年に開業した会計事務所です。事務所には、代表税理士の越智を含む総勢7名のスタッフが所属しています。

当事務所のお客様は、代表の越智の年齢の一回り前後に集中しています。業種としては不動産業、建設業、飲食業、宿泊業、保険業などです。なかには、酪農業、漫画家といった珍しい業種のお客様もいらっしゃいます。

当事務所では、こうした多様な業種の支援を行うとともに、色々な営業手段を駆使して、相続支援にも力を入れています。

大手税理士法人で相続業務を経験
300件以上の実績をもつ

代表の越智は、愛媛県の大手税理士法人で、12年間、相続税の申告業務の経験を積んでおり、開業後も年間10件以上の相続税の申告を行っています。

これまでに取り扱った件数は、相続発生前の対策を含めて300件以上です。

特に、中小企業の事業承継に伴う株式の相続や贈与に関しては、納税猶予を受けるメリットとデメリットを踏まえて方向性を検討し、豊富な経験をもとにお客様や親族に納得していただけるご提案をさせていただいています。

節税と税務調査への
徹底した対応が強み

当事務所の大きな特徴は、相続の発生前後における節税方法を提案できることと、税務調査対策を行うことによる安心感をお客様に提供できることです。

節税については、18年の実務経験を活かし、お客様のために1円でも多く税金を安くできる方法を提案いたします。

税務調査対策は、経験豊富なスタッフが申告書をしっかりチェックすることはもちろんですが、税務調査の選定基準の視点から、代表の越智が税務調査に入られにくい申告書作りを徹底しています。

丁寧な対応が好評の無料相談窓口
ワンストップ体制で相談に対応

当事務所は相続相談窓口を設置しており、代表の越智が、なるべく専門用語を使わず、懇切丁寧にお客様の相談に応じています。お客様からは、「説明がとても分かりやすく、対応も親切だった」との評価をいただいています。また、当事務所は、弁護士、司法書士、行政書士、不動産の専門家及び保険業の専門家と提携して "えひめ相続あんしんセンター" を開設し、相続における税金以外の相談にもワンストップで対応できる体制を構築しています。

越智聖税理士事務所／株式会社聖会計
代表者：越智 聖（四国税理士会松山支部）
職員数：7名（税理士1名）

えひめ相続あんしんセンター
代表者：越智 聖
職員数：6名

所在地：〒790-0951
　　　　愛媛県松山市天山3-2-31 ドラゴンビル2階南
ホームページ：http://satorukaikei.com/
相続相談窓口：電話 089-961-4635
　　　　　　　メール ochi@satorukaikei.com

スマホでアクセス！

地元不動産会社と連携して無料相続診断サービスを提供
相続・遺言・事業承継に関する手続きをワンストップで支援

柿迫宏則税理士事務所
一般社団法人 岡山相続支援協会

柿迫宏則代表

一般社団法人 岡山相続支援協会の皆さん

　柿迫宏則税理士事務所（岡山県岡山市）は、小規模、起業直後の企業を積極的に支援する地域に密着した会計事務所。代表の柿迫宏則氏は、行政書士などの専門家とともに設立した一般社団法人岡山相続支援協会の代表理事も務め、相続・遺言・事業承継に関する手続きの支援を通じて地域社会の発展に貢献。相続に関する簡易診断サービスも無料で提供している。

経営者の悩みに真摯に対応し
良きパートナーを目指す会計事務所

　柿迫宏則税理士事務所は、代表の柿迫宏則が2005年1月に開業した会計事務所です。税理士1名、社会保険労務士2名を含む、総勢18名のスタッフが所属しています。

　代表の柿迫は大学卒業後百貨店に就職し、28歳で税理士を目指して転職しました。岡山市内の税理士事務所や公認会計士事務所での勤務を経て独立開業しました。

　当事務所のお客様には、従業員数の少ない会社や創業間もない会社、20代後半から40代前半の比較的若い社長様や個人事業主様が数多くいらっしゃいます。

　会社の規模の大小にかかわらず、税務や労務、人事、資金繰りといった経営者の悩みは共通しています。当事務所は、そのような悩みや疑問に真摯に

耳を傾け、何でも相談していただける良きパートナーとなることを目指しています。

岡山相続支援協会を通じて 相続手続きをワンストップで支援

代表の柿迫は、2017年4月に行政書士や財務の専門家とともに一般社団法人岡山相続支援協会を設立し、代表理事に就任しています。相続・遺言・事業承継に関する各種手続きのサポートは、主に同協会で行っています。

現在の相続税申告件数は年間5件です。税理士、相続診断士、行政書士、司法書士、財務の専門家が、相続に関するお悩みをワンストップでサポートいたします。

相続、終活をテーマにしたセミナーを定期的に開催しており、毎回多くの方にご参加いただいています。

相続に関する簡易診断書の 無料提供サービスも展開

代表の柿迫が岡山相続支援協会を設立した目的は、相続・遺言・事業承継に関する手続きの支援を通じ、地域社会の健全な発展と住民生活の安定向上に寄与することです。

この目的の達成に向けた情報提供サービスの一環として、相続に関する相談やアドバイス、セミナーや研修の企画・開催などを積極的に行っています。

さらに、地元の不動産会社と業務提携し、相続に関する簡易診断書を無料で提供するサービス「安心相続への備え」を提供しています。

経験豊富なスタッフが対応する 無料相談窓口を設置

当事務所は、岡山相続支援協会に相談窓口を設置しています。代表の柿迫や専務理事の梶野をはじめ、経験豊富なスタッフがお客様の相談に応じています。

初めての方のご相談にも丁寧に対応し、わかりやすくお話をすることを心掛けています。どうぞお気軽にご相談ください。

北海道・東北

東京

関東

東海

信越・北陸

近畿

中国・四国

九州・沖縄

柿迫宏則税理士事務所

代表者：柿迫宏則（中国税理士会岡山西支部）

職員数：18名（税理士1名、社会保険労務士2名、中小企業診断士1名）

所在地：〒700-0927　岡山県岡山市北区西古松2丁目26-16
　　　　上杉第7ビル 102号

ホームページ：https://cap-k.jp/

相続相談窓口：フリーダイヤル 0120-007-865

スマホでアクセス！

相続相談案件8,000件以上の会計事務所
相続専門チームが税務調査に強いスピード申告を実現

税理士法人タカハシパートナーズ

高橋 雅和代表

仲村 要税理士

寺尾 大介税理士

税理士法人タカハシパートナーズは、広島県と岡山県に拠点を構える会計事務所。10名で構成される相続専門チームを擁しており、相続の相談に累計8,000件以上対応してきた実績をもつ。

相談対応8,000件以上の実績を
もつ相続に強い会計事務所

税理士法人タカハシパートナーズは、代表の髙橋雅和が昭和61年に開業した税理士事務所です。髙橋を含む4名の税理士、3名の行政書士、2名の宅地建物取引士が所属しており、スタッフ数は総勢32名です。

当事務所のお客様は、50~60代の中小企業経営者が中心です。それに加えて、個人および法人で賃貸アパートやマンションを経営されているお客様を1,000件ほどご支援しています。私たちは、こうした方々の相続支援に力を入れています。

代表の髙橋は、大手建設業者の税務顧問を約25年務めており、相続の相談実績は数千件にも及びます。事務所を税理士法人化した現在では、相続専門チーム10名とともに、相続の相談を年間600件以上、累計で8,000件以上扱っています。

なかでも個人の不動産経営者の法人成りを多く手掛けており、豊富なノウハウを有しています。

当事務所には相続専門のスタッフが10名いますので、福山オフィス、広島オフィスおよび岡山オフィスへいつ相続の相談に来られても、常時対応できる体制を整えています。

税務調査対策の徹底と スピード申告を両立

当事務所の特徴は、第一に税務調査対策を徹底的に行っていることです。

平成26年以降、全ての申告に書面添付制度を採用しています。書面添付制度とは、税理士法第33条の2に規定されている制度であり、この制度を利用する税理士は、申告書に「その内容が正しいということを税務署へ説明する書類」を添付し、申告します。

当事務所では平成26年以降、相続税申告数508件（令和3年3月末現在）のうち、税務調査は2件しかありません。しかも2件とも是認されております。

次に、最短1週間からのスピード申告が挙げられます。これは豊富な経験を持つ代表の髙橋と国税OB、そして相続専門スタッフ10名が申告業務を行うことにより可能となります。

いつでも問い合わせられる 相続相談窓口を設置

当事務所では、相続の無料個別相談会を福山オフィス、広島オフィスおよび岡山オフィスにおいて毎週行っています。また、全オフィスとも常時、相続専門のスタッフが相続に関するあらゆる相談に対応できる体制を整えています。相続税申告に関する相談につきましては、いつでも無料でお受けいたしますので、どうぞお気軽にお問い合わせください。

相続の事前対策につきましても、「相続対策安心パック」というプランにより、相続税の試算、節税対策、納税資金の確保および「争続」対策等の提案をしています。

また、入会金、年会費無料の「相続安心クラブ」という組織を運営しており、無料セミナーなども定期的に開催しています。

税理士法人タカハシパートナーズ

代表者：髙橋 雅和（中国税理士会福山支部）
職員数：32名（税理士4名、行政書士3名、宅地建物取引士2名）

相続相談窓口：
福山オフィス 0120-74-1471
広島オフィス 0120-20-2690
岡山オフィス 0120-16-3210

福山オフィス 広島県福山市西町3-10-37
広島オフィス 広島県広島市東区光町 1-12-20 もみじ広島光町ビル2F
岡山オフィス 岡山県岡山市北区本町6-36 第一セントラルビル8F

ホームページ： https://www.mt-taxcs.com/

スマホでアクセス！

60年にわたり広島の法人と個人を支援し続ける会計事務所
専門チームによる多角的な提案、セミナーによる啓発活動が特長

光廣税務会計事務所

光廣昌史代表

セミナーの様子

光廣税務会計事務所は、広島市に拠点を構える会計事務所。豊富なノウハウをもつ相続専門チームがさまざまな角度から軽減対策の提案を行うほか、お客様の長期的な利益を実現するためにセミナーによる啓発活動に力を入れている。

広島県の法人や個人を
60年支援し続ける会計事務所

　光廣税務会計事務所は、代表の光廣昌史の先代が、昭和36年に創立した会計事務所です。代表を含む5名の税理士、総勢33名のスタッフが所属しています。

　当事務所は多様な業種のお客様を支援しており、関与先はおもに広島県内の法人300社、個人500名となっています。

関与先との深い信頼関係から
多くの相続案件を受託

　当事務所は創業以来変わらぬ誠実な業務を通じてお客様と深い信頼関係を築いており、事業承継や相続対策の相談案件を扱う機会が年々増えています。令和元年の相続税申告件数は57件、令和2年は48件（内申告不要3件）です。

　お客様の申告は、豊富な経験を持つ代表の光廣と、国税専門官として税務調査に関わった経験を持つ顧問の国税OB税理士、ベテランスタッフが丁寧にチェックします。

専門家の複数の目でしっかり確認することで、税務署から指摘を受けない相続税申告を実現しています。

相続に際しては、相続税申告はもちろんのこと、お客様が安心して相続ができるよう、弁護士・司法書士・相続手続きアドバイザー等の専門家と連携し、相続の幅広い知識をもってお客様のあらゆるニーズにお応えしています。

相続の手続きは、一生に一度か二度しか起こらないうえに、ご遺族にとっては各金融機関の相続手続や、不動産登記など大変な作業となります。当事務所では、株式会社ウィル相続手続支援を開設し、確実かつスムーズな手続きをサポートしていますので、ぜひご活用ください。

相続専門チームが
多様な軽減対策を提案

当事務所は相続税などの資産税の分野を強みとしています。特筆すべき点は、ノウハウを共有する相続専門チーム「財産承継部」が連携し、さまざまな軽減対策を提案できることです。相続対策では、二次相続まで考えたトータルな分割案や、相続人ごとの資金繰りまで踏まえた納税方法をご提案しています。

相続税申告においては、相続財産を正確に把握するために、不動産の評価では現地確認を行い、金融資産については過去の取引履歴により資金の流れを確認し、疑問点を精査したうえで適正な申告を行っています。

円満な相続を実現する方法を
学べるセミナーを開催

当事務所は、財産承継部を窓口として、ベテランスタッフがお客様の相談に応じていますので、お気軽にお問い合わせください。

円満な相続をするためには、相続が発生する前から計画的に準備をすることが必要です。当事務所では、相続に備えていただくための「家族を幸せにする相続セミナー」を開催し、最新情報を提供しています。約半年（全6回）かけて相続について学ぶ当セミナーにご参加いただければ、相続や贈与の基礎知識に加え、相続にまつわる諸手続きや、遺言対策、家族信託、相続税調査の受け方など、相続に関するあらゆる知識を身につけていただくことができます。このセミナーのなかで、相続税の簡易シミュレーションを無料で実施していますので、ぜひご活用いただき、将来に備えてください。

光廣税務会計事務所

代表者：光廣昌史（代表取締役・税理士／中国税理士会広島西支部）
職員数：33名（税理士5名）
所在地：〒730-0801
　　　　広島市中区寺町5番20号
ホームページ：
http://www.office-m.co.jp/
相続相談窓口：
　電話番号 082-294-5000
　メールアドレス
　sozoku@office-m.co.jp

スマホでアクセス！

九州最大級の総合士業グループ
納得の生前対策と万全の税務調査対策が強み

税理士法人アップパートナーズ

菅 拓摩代表

豊福陽子税理士

鈴木導仁税理士

税理士法人アップパートナーズ（本部：福岡県福岡市）は、スタッフ数約300名、関与先数約2000件という九州最大級の総合士業グループ。代表で税理士の菅 拓摩を筆頭に、相続・事業承継の専門家を多数擁する。40年以上にわたり相続案件のノウハウを蓄積しており、特に生前対策と税務調査対策に強い。

九州最大規模の 総合士業グループ

税理士法人アップパートナーズは、昭和52年に税理士の菅村 勉が開業した会計事務所を母体としています。現在は、代表社員の菅 拓摩が事業を承継し、福岡、佐賀、長崎、東京に拠点を構える九州最大規模の総合士業グループへと成長しました。

グループ内には税理士法人のほか司法書士法人、社会保険労務士法人、M&A専門会社、生命保険代理店、資産運用会社など多様な関連法人があり、スタッフ数は代表の菅を含めて税理士が14名、グループ総社員数は278名です（令和3年7月現在）。

顧問先様は全国に約2000件あり、幅広い業種のお客様をご支援しています。

相続・事業承継支援のノウハウを 40年以上にわたり蓄積

私たちは創業から40年以上にわた

り、関与先様の相続や事業承継をご支援してきました。相続のご相談は毎年増えており、令和2年の相続相談件数は220件、過去5年間の累計は1000件以上になります。

私たちはこれまで積み重ねてきた膨大なノウハウを生かし、当事務所のお客様だけでなく、他の税理士事務所や金融機関・不動産会社などからの依頼にもとづく相続税申告や、事業承継コンサルティングを数多く手がけてきました。

相続する財産に自社株や先祖代々の不動産があると、将来多額の相続税がかかるにもかかわらず納税資金が足りないという問題があります。

法人化や組織再編をすることにより争続になりづらく、相続税の負担も軽減できる対策に努めています。

〈強み1〉生前対策・事業承継対策に幅広いノウハウ

私たちはお客様や外部からのセカンドオピニオンで、相続や事業承継に関するご相談を年間約200件受けています。

将来起こりうる問題点を早期に発見し、そのご親族や会社様に合った遺産分割対策、納税資金対策、節税対策をオーダーメイドでご提供しています。

〈強み2〉税務調査に万全の備え

過去の税務調査対応や申告実績から、税務調査の勘所を押さえた相続税申告書を作成します。また、申告書の内容が適正であることを税理士が保証する書面添付制度も導入していますので、税務調査が入る可能性が大きく下がります。

気軽に相談できる無料相談窓口を設置

当事務所は相続相談窓口を設置しており、相続専門税理士とスタッフが、初回無料（時間無制限）でお客様のご相談に応じています。

ご相談の結果、私たちがご支援することになった場合は、事前に費用のお見積りをご提示しますので、安心してお問い合わせください。

北海道・東北

東京

関東

東海

信越・北陸

近畿

中国・四国

九州・沖縄

年間約100件の相続税申告を実施

福岡・鹿児島・宮崎を拠点に、九州全域から山口県まで対応する

税理士法人武内総合会計
武内総合会計グループ

山座史子代表

武内相続センターの皆さん

税理士法人武内総合会計（福岡県福岡市）は、山座史子税理士が代表を務める会計事務所。令和元年に開設した「武内相続センター」を中心に、相続税申告、生前対策、事業承継、M&A、その他相続全般の相談などお客様の多様なニーズに対応する。

福岡天神エリアに
相続専門センターを開設

税理士法人武内総合会計は、昭和59年6月に税理士の武内俊造が開設した個人事務所を、平成14年7月に法人化した会計事務所です。

その後、武内大輔が代表となり、現在では、代表の山座を含む7名の税理士、1名の公認会計士、1名の社会保険労務士、1名の行政書士、総勢92名のスタッフが所属しています。

お客様の数は、法人で900件、個人で1,900件を超えました。多岐にわたる業種のお客様からご支持をいただいています。

令和元年10月に、福岡市の中心である天神エリアに相続専門の独立拠点として「武内相続センター」を開設しました。福岡の本社にも、事業承継、M&Aおよび相続税の専門部署を設置し、相続対策、相続税申告のほか、企業の事業承継にも力を入れています。

35年以上の実績と信頼で
相続税申告件数は年約100件

お客様の相続に関しては、開業以来、35年以上にわたって実績を積み重ね、今も熱いご支持をいただいています。

相続税申告の実績は、年間約100件です。他にも、生前対策、相続税シミュレーション、事業承継、M&Aなど多数のご相談を承っています。

また、当税理士法人は福岡以外に、鹿児島、宮崎にも事務所を構えていますので、福岡県内はもちろん、九州全域、山口県など中国地方の一部のお客様にも広範囲に対応させていただいています。

税務以外の相談にも
ワンストップで対応

当税理士法人では、相続人の皆様に納得していただける遺産分割、税務申告を目指して、国税OB税理士や女性税理士を含む7名の税理士で最大限の節税を考慮し、さらに複数の相続専門スタッフが申告書のチェックを行います。

また、相続全般に関する税務以外のご相談にもトータルで対応できるよう、信頼できる司法書士、弁護士、行政書士などと士業ネットワークを構築しています。相続した不動産の登記、各種相続手続き、相続人同士でトラブルがあった場合の支援などにも、ワンストップでサービスをご提供することができます。

初回相談は無料
事前予約で土日祝・夜間対応も可

ご相談の際は、まず「武内相続センター」にお電話・メールなどでお問い合わせください。相続に強いベテランのスタッフが対応いたします。初回相談は無料です。相続税の申告はもちろん、相続発生前のシミュレーションや生前対策についてもお気軽にご相談ください。

お勤めの方など平日のご相談が難しい方には、事前予約をいただくことで、土日、祝日や夜間のご相談にも対応しています。また、遠方にお住まいの方や外出が難しい方には、ご自宅でのウェブ面談も可能です。いつでもご相談をお待ちしています。

税理士法人武内総合会計
代表者：山座史子（税理士／九州北部税理士会福岡支部）
職員数：92名（税理士7名、公認会計士1名、社会保険労務士1名、行政書士1名）
所在地：福岡本社（福岡市中央区舞鶴）、髙比良事務所（福岡市中央区天神）、
　　　　鹿児島事務所（鹿児島市平之町）、宮崎事務所（宮崎市旭）、
　　　　武内相続センター（福岡市中央区長浜）
ホームページ：https://www.takeuchi-kaikei.com/
武内相続センターホームページ：https://www.takeuchi-souzoku.jp/
相続相談窓口：フリーダイヤル 0800-200-2910 （夜間土日祝対応可（要予約）・受付時間／平日9時～18時）
　　　　　　メールアドレス souzoku@takeuchi-kaikei.com

スマホでアクセス！

北海道・東北
東京
関東
東海
信越・北陸
近畿
中国・四国
九州・沖縄

経験豊富な税理士・スタッフが在籍
各種専門家のネットワークで、ワンストップでの課題解決を図る

税理士法人 諸井会計

諸井政司代表

税理士法人諸井会計（佐賀県佐賀市）は、諸井政司税理士が代表を務める会計事務所。お客様の心に寄り添う相続対策を目指すとともに、相続・事業承継のさまざまな問題をワンストップで解決するため、士業などの専門家と独自のネットワークを構築している。

グループ全体170名のスタッフが在籍する創業55年の会計事務所

　税理士法人諸井会計は、1966年に創業した諸井税理士事務所から、組織変更によって誕生した会計事務所です。創業して以来、最新の情報を駆使して、総合力であらゆる角度からのご提案を行い、顧問先企業の発展に尽くしています。

　当事務所の使命は、「経営者の痛みがわかる」、そして「かゆいところに手が届く」顧客重視のサービスを行うことです。現在、13名の税理士を含む総勢170名のスタッフが在籍し、一人一人が専門家としてのサービス提供に努めています。

独自のネットワークでワンストップでの相続・事業承継を実現

　相続・事業承継については、創業55年の経験から蓄積されたノウハウをもとに、経験豊富な税理士13名、顧問弁護士3名などの各種専門家で独

自のネットワークを組み、ワンストップでの課題解決にあたっています。

なかでも、医療機関の事業承継は、地域コミュニティを支えるインフラとしての役割を理解することが不可欠です。そのため、専門の税理士と医業経営の専門スタッフを中心に、各種専門家（弁護士・司法書士・行政書士ほか）、グループの社会保険労務士法人と連携した万全の体制によって、医業承継をご支援しています。

また、後継者が不在のお客様は規模や業種を問わず、M&Aによる事業承継のお手伝いを行っています。

お客様の心に寄り添った相続対策を

相続の分野における当事務所の強みは、元国税局資産税専門の2名を含む13名の税理士とベテランのスタッフによる、専門家としてのサービスです。税金のための相続対策にとどまらず、相続人の方や、残されたご家族の心に寄り添った対策を行うことを心掛けています。

例えば、煩雑な遺産相続の手続きについて、お客様のご負担を軽減するために、事前準備を含む円滑な遺産相続のための知識や、相続手続きの際の必要書類等について、簡潔でわかりやすい説明を行うことを心掛けています。

また、お客様の相続に関わる税務以外の問題については、各種専門家のネットワークによって解決しています。

経験豊富な税理士やベテランスタッフが対応する無料相談窓口

当事務所は相続相談窓口を設置しており、税理士やベテランのスタッフが、お客様のご相談に応じています。

相続を初めて経験される方のご相談にも丁寧に対応し、わかりやすくご説明するように努めています。

初回相談は無料ですので、ぜひお気軽にお問い合わせください。

親族間の争いのない円満な相続を行うために、生前から事前対策について相談をしていただくことを強くお勧めしています。

税理士法人 諸井会計

代表者：諸井政司（九州北部税理士会佐賀支部）
職員数：170名（税理士13名）
所在地：〒840-0015　佐賀市木原二丁目6番5号
ホームページ：https://www.moroi.co.jp/
相続相談窓口：電話 0952-23-5106
メール info@moroi.co.jp

スマホでアクセス！

相続相談ここがポイント

《ポイント 1》相続の専門家に相談しよう

相続の相談は会計事務所や司法書士事務所、法律事務所などの士業事務所にするのが一般的ですが、士業事務所はそれぞれ得意分野をもっています。士業事務所に相続の相談をする際は、その事務所が相続を得意としているかどうかを確認しましょう。事務所が本書に掲載されていれば相続を得意としていますし、事務所のホームページで何が得意分野なのかを調べる方法もあります。

《ポイント 2》なるべく早く行動しよう

相続の悩みを抱えている方は、「親族間のトラブルを避けたい」「世話になった人に財産を残したい」「家業を円滑に引き継ぎたい」といった思いを抱いているでしょう。しかし、自分が死んで相続が始まってしまうと、そのような思いを実現する選択肢はほとんどなくなってしまいます。その一方で、死ぬ前に相続への備えをしようと思えば、自分の思いを実現させる選択肢は大きく広がります。相続の悩みを抱えているのであれば、なるべく早く行動するべきです。

《ポイント 3》基礎知識を身につけておこう

相続に備えておきたいのでしたら、相続の基礎知識を身につけることをお勧めします。基礎知識を身につけていれば、専門家に相談する際にも、自分の思いを正確に伝えたり、より高度な相談をしたりすることができます。次のページから始まる「第2部 相続について学ぶ」では、相続に関する基礎的な知識を解説していますので、ぜひ活用してください。

第2部

相続について学ぶ

相続に関する知識をある程度身につけておくと、専門家との相談を円滑に進めることができます。ここでは、相続に向き合ううえで役に立つ基礎的な知識について解説します。

執筆：税理士法人チェスター

監修：弁護士法人リーガルプラス

第1章
相続に関する基本的な知識

相続について考えるとき、最初にはっきりとさせておかなければならないのは、誰が何を引き継ぐのかということです。本章では、財産を引き継ぐ人、つまり「相続人」や、相続人が引き継げる財産の概要など、相続の基本的な知識について解説します。

財産を引き継げる人は民法で決まっている

相続について知ろうとすれば、それを定めている民法を確認する必要があります。民法によると、相続は次のように定義されています。

相続とは、亡くなった人（被相続人といいます）の財産を、誰かのものにするための制度です。亡くなった人の財産には、預金債権や現金、不動産といったプラスの財産だけでなく、借金のようなマイナスの財産も含まれます。

それでは、被相続人の財産は誰のものになるのかといいますと、民法では原則として、被相続人と一定の親族関

係にあった人（法定相続人といいます）に帰属させることになっています。

なお、被相続人が生前に自分の意思を遺言という形で表明しておけば、自分の選んだ人、つまり受遺者に財産を帰属させられます。

遺言については159 ページの「遺言を書いて争族を防ぐ」以降で詳しく触れますが、遺言がある場合は、原則として遺言に従って亡くなった人の財産の帰属が決められます。

他方、遺言がない場合は、民法の定めるルールによって法定相続人に対す

図表3　相続人の優先順位

続柄	順位	解説
配偶者	常に相続人	法的に婚姻している人
子	第1順位	被相続人に子があるときは子と配偶者が相続人になる
親	第2順位	被相続人に子がないときは親と配偶者が相続人になる
兄弟姉妹	第3順位	被相続人に子と親がないときは兄弟姉妹と配偶者が相続人になる

る財産の帰属が決められ、これを**法定相続**といいます。つまり、遺言の有無によって、亡くなった人の財産の処理は大きく異なるのです。

相続手続きのはじめの一歩は、誰が相続人になるかという、相続人の確定です。相続手続きは、以下の手順で進んでいきます。

①誰が相続人になるのかを確定する。
②相続の対象となる財産、つまり相続財産の範囲を確定する。
③相続人が複数いる場合[1]には、各相続人がそれぞれ何をどれだけ相続するのかを確定する。

相続人には優先順位がある

民法では、被相続人と一定の親族関係にあった者を相続人と定めており、相続人になる順位をつけています。民法の定めた順位に従って、相続人が決定されることになります（**図表3**）。

まず、被相続人に配偶者がいる場合は、常に相続人になります。

さらに被相続人に子があるときは、子またはその**代襲者**[2]、再代襲者が第1順位の相続人になります。

次に、被相続人に子がないときは、被相続人の**直系尊属**[3]のうち、親等の近い者が第2順位の相続人になります。第1順位の人がいないと、第2順位の人が相続人になるということです。

そして、直系尊属が健在でない場合には、兄弟姉妹またはその代襲者が第3順位の相続人となります。

これらをまとめると、114ページの**図表4**のようになります。

1　これを共同相続といい、この場合の相続人を共同相続人といいます。
2　代襲者の意義については114ページの**図表4**を参照してください。
3　直系尊属とは、自分よりも上の直系の世代で、親や祖父母などのことです。

図表4　相続人の優先順位の判断

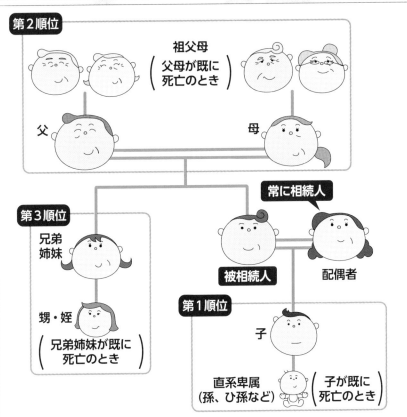

①配偶者である妻（夫）は常に相続人となる。

②それに加えて子（息子・娘）がいる場合は、第1順位の相続人となる。妻（夫）が既に亡くなっている場合も同様。

③子が既に亡くなっている場合は、孫が代わりの相続人（代襲相続人）となる。

④孫も既に亡くなっていれば、ひ孫にと何代でも代襲できる。

⑤第1順位の相続人が誰もいない場合に限り、父母が第2順位の相続人となる。

⑥父母が共に亡くなっている場合は、祖父母にさかのぼる。

⑦祖父母も既に亡くなっていれば、何代でもさかのぼれる。

⑧第2順位の相続人もいない場合は、被相続人の兄弟姉妹が第3順位の相続人となる。

⑨兄弟姉妹が既に亡くなっている場合は、その子である甥・姪が代襲相続人となる。

⑩甥・姪も既に亡くなっている場合、その子は代襲相続人になれない。

法定相続分は遺産の配分に関する"目安"

遺産を相続人にどう配分するのかについては、民法で定められています。誰がいくら相続する権利をもつのか、その割合をあらかじめ知っておくのは大切なことです。ここでは、誰がどれだけ遺産を相続できるのかについてお話しします。

被相続人が遺言などにより相続人間の相続分を指定している場合は、原則として被相続人の指定した相続分に従い、相続財産が分配されます（ただし、遺言を作ればどんな財産の分配でも可能になるというわけではありません）[4]。

一方、被相続人が遺言を作成せずに亡くなるなど、相続財産の分配に関する被相続人の意思が明らかとならない時は、民法の基準に従って相続財産の分配を行うことになります。その規定が、法定相続分といわれるものです。

法定相続分を定める民法第900条の内容をまとめてみましょう。

①子および配偶者が相続人のときは、子の相続分および配偶者の相続分は各2分の1とする。

②配偶者および直系尊属が相続人のときは、配偶者の相続分は3分の2とし、直系尊属の相続分は3分の1とする。

③配偶者および兄弟姉妹が相続人のときは、配偶者の相続分は4分の3とし、兄弟姉妹の相続分は4分の1とする。

④子、直系尊属または兄弟姉妹が複数の人数いるときは、各自の相続分は相等しいものとする。

被相続人よりも下の直系の世代で、子や孫のことを直系卑属と呼びます。これが法定相続人でいうところの第1順位のグループにあたります。

被相続人よりも上の直系の世代で、親や祖父母のことを直系尊属と呼びます。同じく、法定相続人でいうところの第2順位のグループです。

法定相続分についてまとめると、116ページの図表5のようになります。

4　遺言による財産の分配の結果、特定の相続人の相続分が大きくなりすぎ、他の相続人の遺留分（166ページの「基礎知識：遺留分とは」を参照）を侵害する結果となる場合は、遺留分侵害額請求の限度において、被相続人の指定した相続分は修正されます。

図表5 法定相続人と法定相続分

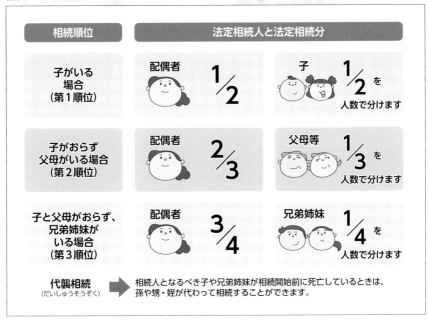

相続の対象になる財産、ならない財産

相続の対象になる財産とは、どのようなものなのでしょうか。

これをよく知っておかないと、返済できない負債まで相続してしまうことになりかねません。また、相続の対象とならない財産を知っていれば、これをうまく利用する方法があります。

民法には、「相続人は、相続開始のときから、被相続人の財産に属した一切の権利義務を承継する」と定められています。

そのため、相続の対象となる財産に

は、不動産、現金、預貯金、株券などのプラスの財産（積極財産）だけでなく、借入金、住宅ローン、損害賠償義務などのマイナスの財産（消極財産）も含まれます。また、通常の保証債務についても相続の対象となります。

プラスだけでなくマイナスの財産もあるため、相続が生じた際、積極財産より消極財産の額のほうが多いこともあります。しかしその場合でも、原則として全ての財産（積極財産および消極財産の両方）を受け継ぐことになり

図表6　相続財産の対象

不動産	土地、建物
動産	現金、自動車、貴金属、美術品など
債権	借地権、賃借権、貸金債権、電話加入権など
無体財産権	特許権、著作権、商標権、意匠権など
裁判上の地位	裁判上の損害賠償請求権など
債務	借入金、損害賠償債務など

ます（図表6）。

　ただし、積極財産よりも消極財産のほうが多い場合は、積極財産と消極財産のどちらも受け継がない方法、つまり相続放棄を選択することができます。また、積極財産の範囲内で引き継ぐという条件で相続をする限定承認という方法もあり、遺産がプラスになるかマイナスになるか不明確なときに用いられます。

　前述のように、相続においては、被相続人が有していた全ての財産を相続することが原則です。ただし、民法には「被相続人の一身に専属したものは、この限りではない」と規定されており、相続財産の対象外となる財産があることを認めています。

　ここで、何が「被相続人の一身に専属した」財産といえるのかが問題になります。その典型例としては、芸術作品を作る債務や、雇用契約上の労務提供債務などがあります。

　例えば、画家が依頼者から依頼された作品の制作中に死亡したあと、その子が父（または母）に代わって作品を制作する債務を負うことには無理があり、不合理となるような場合です。

相続財産を把握することの大切さ

　相続財産を正確に把握することには大変重要な意味があります。それは、遺産分割にあたって分割方法を決定する前提の数字になるという意味もありますが、税務署へ提出する相続税申告書の正確な数字を算出するという目的もあります。

　法人税や所得税は、収入から経費を差し引いた利益に、税率を乗じることで税額を求めます。一方の相続税は、被相続人の遺産である財産の価額（遺産総額）に、税率を乗じることを基本的な計算構造としています。

遺産総額×税率＝相続税

　実際に申告を行う場合の計算構造はもう少し複雑で、第1段階では被相続人の遺産を集計し、遺産総額を求めま

す。

　次に第2段階で、遺産総額から基礎控除額を差し引いて、いったん財産を法定相続分として相続したと仮定して相続税率を適用し、相続税の総額を求めます。

　最後に第3段階で、相続税の総額を各相続人に配分し、税額控除などを加味して、各相続人の納付税額を求めることになります。[5]

　したがって、相続税額の計算をするためには、どのような財産が相続財産になるのかを正確に把握する必要があ

ります。

　相続税の節税のために銀行で借り入れを行い、アパートを建設した——このような話を耳にしたことはないでしょうか。借入金があれば、それは消極財産として他の資産から控除できます。さらに、土地の上に賃貸物件を建築することで、更地のときよりも土地の評価額を下げることができます。

　相続税の節税の観点からも、どのような財産が相続の対象になり、それをどう評価するのかを知ることは大変重要です。

「単純承認」「限定承認」「相続放棄」とは

　相続は資産をもらえるだけでなく、借金も譲り受けることになります。通常の相続は単純承認ですが、明らかに負債が大きいなら相続放棄を選択できます。

　民法は、「相続人は、自己のために相続の開始があったことを知った時から3カ月以内に、相続について、単純もしくは限定の承認または放棄をしなければならない」と規定しています。

　ここで相続人に与えられる選択肢としては、

①単純承認
②限定承認
③相続放棄

の3つが挙げられます。

　相続とは本来、被相続人の積極財産（＝資産）および消極財産（＝債務）の全てを相続人が引き継ぐことです。これが単純承認です。

　一方、限定承認とは、相続財産限りで債務を清算し、なお余剰の資産がある場合に限って相続をするという方法

5　相続税の計算方法に関しては 139 ページの「相続税の計算方法」で解説します。

です。

　これに対し、相続放棄は文字通り一切の遺産を相続しないという方法です。

　テレビドラマや小説では、親が莫大な借金を残して死んでしまったがために……、などという涙を誘うような状況設定がしばしば出てきますが、実務上は相続放棄をすればよいのです。

　ただし、気をつけなくてはいけないことがあります。

　民法には、相続人が単純承認をするという意思表示をしなくても、以下の3つの場合には、単純承認がなされたものとみなすという規定があります。これを、法定単純承認といいます。

①相続人が、相続財産の全部または一部を処分した場合

　ここでいう処分とは、売却や譲渡といった行為だけではなく、家屋の取り壊しも含みます。預金を勝手に引き出して車を買ったなどという場合は、もちろん単純承認をしたものとみなされ

ます。ただし、葬式費用に相続財産を支出した場合など、信義則上やむを得ない処分行為については「処分」にあたらないとする判例があります。

②相続人が、熟慮期間内に限定承認も相続放棄もしなかった場合

　熟慮期間については、「自己のために相続の開始があったことを知った時から3カ月以内」と民法で定められています。[6] この期間に相続人が限定承認も相続放棄もしなかった場合は、単純承認をしたとみなされます。

③相続人が、限定承認または相続放棄をした後に、相続財産の全部または一部を隠匿したり、私にこれを消費したり、悪意でこれを財産目録中に記載しなかった場合

　このような行為は、相続債権者などに対する背信的行為といえます。かかる行為をした相続人を保護する必要はないため、単純承認がなされたものと

6　熟慮期間は、裁判所へ申し立てて許可を得れば伸長されます。

みなされます。

限定承認と相続放棄について、もう少し詳しく触れておきます。

まず限定承認ですが、これは被相続人の残した債務および遺贈を、相続財産の限度で支払うことを条件として、相続を承認する相続形態です。

仮に、被相続人の債務が、相続により相続人が得る資産、すなわち相続財産を超過することが明らかである場合、相続人は相続放棄をすることにより、債務負担を免れることができます。

しかし、被相続人が資産も相当有するが債務も相当負っており、債務が相続財産を超過するかどうかが判然としない場合もあります。

このような場合に、被相続人の債務を相続財産の限度で弁済し、債務を完済してなお相続財産が残っている場合は、これを相続人が相続し、逆に債務が残っている場合は、相続人は当該債務までは負担しない、ということを可能にしたのが限定承認という制度です。

限定承認を行う場合は、熟慮期間内に、被相続人の財産（資産および債務）について財産目録を作成し、これを家庭裁判所に提出して、限定承認をする旨を申し述べる必要があります。さらに、相続人のうちの1人が単独で限定承認を行うことはできず、相続人全員が同意しなければなりません。

このように、いろいろな制約があるため、実際には限定承認はほとんど利用されていません。

次に相続放棄ですが、これは熟慮期間内であれば、相続の効力を確定的に消滅させられる意思表示であり、相続放棄により債務の承継を免れることができます。

相続放棄には条件や期限をつけることができず、相続財産の一部だけを相続放棄することも許されません。熟慮期間内に家庭裁判所に対して放棄の申述をしなければならない点は限定承認と同様ですが、限定承認とは異なり、財産目録の作成は不要です。

相続放棄において注意が必要なのは、「相続の放棄をした者は、その相続に関しては、最初から相続人とならなかったものとみな」される点です（**図表7**）。

これまでご説明してきたように、相続が開始されると、相続人は単純承認、限定承認、相続放棄という3つの選択肢のうち、いずれかひとつを選択することになります。単純承認以外の方法は、家庭裁判所への申し立ての手続きが必要となるので注意が必要です。

図表8に、単純承認、限定承認、相続放棄の例を示しますので参考にしてください。

図表7　相続放棄者がいる場合の相続分

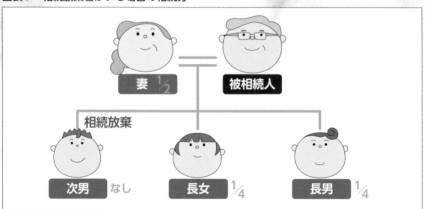

図表8　単純承認、限定承認、相続放棄の例

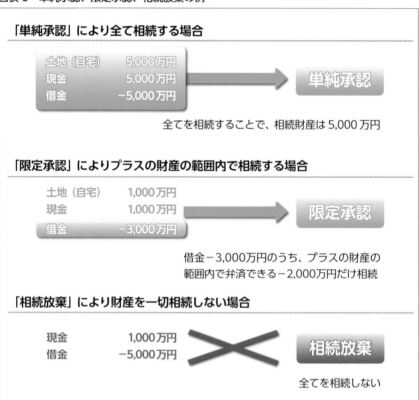

「単純承認」により全て相続する場合

土地（自宅）　5,000万円
現金　　　　　5,000万円
借金　　　　　−5,000万円 → 単純承認

全てを相続することで、相続財産は5,000万円

「限定承認」によりプラスの財産の範囲内で相続する場合

土地（自宅）　1,000万円
現金　　　　　1,000万円
借金　　　　　−3,000万円 → 限定承認

借金−3,000万円のうち、プラスの財産の
範囲内で弁済できる−2,000万円だけ相続

「相続放棄」により財産を一切相続しない場合

現金　　　　　1,000万円
借金　　　　　−5,000万円 ✕ 相続放棄

全てを相続しない

相続放棄を行うときの注意点

前節で、相続には3つの方法があることをお話ししました。単純承認、限定承認、相続放棄です。全財産がマイナスになりそうなら、相続放棄を選択するのが普通です。

ここでは、その相続放棄について、もう少し詳しく説明します。

相続放棄にあたって大切なことは、財産の正確な把握です。資産のほうが大きいのか、それとも負債のほうが大きいのか。これを正確に把握できなければ、相続放棄をするかどうかの判断がつきません。

亡くなった方が一見、借金がないようであっても、個人事業主の場合は注意が必要です。住宅ローンの場合は団体信用生命保険により借り入れは全額返済されますが、一部を除き、ほとんどの事業性資金はそのまま相続人に引き継がれることになります。

さらに、税金や預かり金、社会保険料などの支払いが残されていたり、他の会社の連帯保証人になっている場合もあります。まずはこれらを正確に把握する必要があります。

そしてもっとも大切なことは、熟慮期間である3カ月以内（伸長をした場合はその期間内）に、家庭裁判所に対して放棄の申述をしなければならないことです。この期間が経過すると、単純承認をしたものとみなされます。

事実上の相続放棄

相続支援にかかわると、法律上の相続放棄と事実上の相続放棄を混同されている方がたくさんいらっしゃることを感じます。

事実上の相続放棄とは、次のようなことをいいます。例えば相続人が3人いたとします。そのうちのひとりAが家裁に申述するのではなく、他の相続人BとCに「自分は財産はいらないからBとCだけで分けてほしい」と意思表示をしたとします。これを事実上の相続放棄と呼びます。

事実上の相続放棄が法律上の相続放棄と異なるのは、この場合のAは法的には依然として相続人であって、遺産分割協議に参加しなければならないことです。一方、法律上の相続放棄の場合は、最初から相続人ではないことになるので、遺産分割協議に加わることができません。

「相続放棄をした」という場合でも、それが法律上の相続放棄か、事実上の相続放棄かで遺産分割協議の当事者が

図表9　相続放棄と債務の関係。放棄した借金が想定外の親族に巡ってくることも……

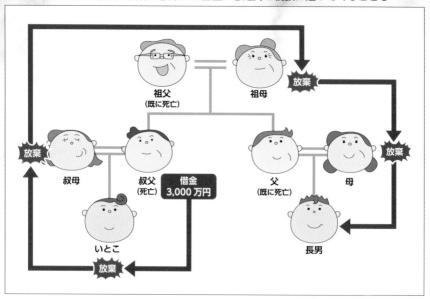

変わってくるので注意が必要です。

相続放棄は慎重に

最後に、相続放棄にまつわるちょっと怖いエピソードをご紹介しましょう。

ある日、銀行から身に覚えのない催告書が内容証明郵便で送られてきました。「3,000万円の融資金を即刻返済しろ」というとんでもない内容です。そのような銀行との取引はありませんし、全く身に覚えがない借入金でした。

銀行に確認すると、叔父の借入金であることが分かりました。なぜ、このようなことになったのかといいますと、事業を営んでいた叔父が亡くなり、そ

の家族は相続放棄を行い、さらに叔父の母、つまり祖母や、自身の母も放棄したというのです。

皆が相続放棄を行ったことで、巡り巡って、相続の順番が自分のところへきたのです（図表9）。

相続放棄を行う際には、他の親族に迷惑がかかる可能性があることも考えて、意思決定をすることが大切です。

改正相続法の重要ポイント「配偶者居住権」

　民法には、被相続人の財産を相続人に承継させる際の基本的なルールが定められており、この部分を相続法と呼びます。

　2018年7月成立の改正相続法をふまえ、2020年4月1日以後に発生する相続では、①配偶者短期居住権、②配偶者居住権が認められています。

①配偶者短期居住権

　法改正前は、たとえ長期間自宅建物に住んでいる配偶者であっても、遺産分割で配偶者以外の相続人が建物を取得し、建物からの退去を求められた場合には、建物から出なければなりませんでした。

　そこで、法改正により、配偶者は、相続開始の時に被相続人が所有する建物に無償で居住していた場合には、遺産分割によりその建物（居住建物）の帰属が確定する日、または相続開始の時から6カ月を経過する日のいずれか遅い日までの間、無償で居住建物を使用する権利（配偶者短期居住権）が認められました。

　ただし、遺言がある場合などは、短期居住権が成立しないケースもあります。

②配偶者居住権

　夫（または妻）が死亡した後も、配偶者の生前と同じように、自宅に住み続けたいという方は多いでしょう。このような希望がある方が、遺産分割によって自宅の土地建物を取得すると、不動産の取得分が大きくなり、預貯金などの他の遺産の取得分が少なくなることがありました。

　このため改正相続法では、一定の要件を満たす場合、配偶者は、居住建物について終身または一定期間につき、使用・収益を認める内容の権利（配偶者居住権）を取得することができるとされました。

　これにより、自宅の土地建物を他の相続人が取得しても、無償で自宅に住み続けることができます。また、配偶者居住権は不動産そのものよりも財産的な価値が低いため、他の遺産の取得分が増えることになります。

　ただし、配偶者居住権を取得するためには、遺産分割協議（または調停・審判）で定めるか、被相続人からの遺贈（遺言による贈与）の必要があります。配偶者であれば当然に認められるわけではありませんので、注意が必要です。

第2章
相続手続きに関する知識

相続をした預貯金を口座から引き出したり、不動産を売却したりするためには、それらの名義を変更する手続きが必要です。本章では、相続手続きに関する基本的な知識をご説明します。

相続が開始されると、遺族や遺言執行者などは、預貯金の相続（払戻しなど）の手続きを行う必要があります。

しかし、銀行や郵便局の口座に預けた預貯金は、金融機関がその口座の名義人が亡くなったことを知った時点で凍結されます。そして、預貯金の相続手続きが終わるまで、原則として払戻しを受けられなくなります。

このような不便な状況を改善するため、相続に関する民法の規定が改正されています。遺産分割前の相続預貯金の払戻し制度（127 ページ参照）により、遺産分割が確定する前でも、故人の預貯金の払戻しを受けることができます（2019年7月1日以降）。

預貯金相続の手続きの流れ

相続が開始されてからの、預貯金相続の手続きの流れは、概ね以下のとおりです。

なお、取引金融機関によっては、ここで説明する書類以外にも、書類の提出を求められることがあります。詳しくは、取引金融機関にお問い合わせください。

【STEP1】金融機関への連絡
　相続が開始された場合、その口座名義人の取引金融機関に連絡が必

図表10　預貯金相続の手続きに必要な書類

(1)遺言書がある場合

①遺言書

②検認調書または検認済証明書（公正証書遺言以外の場合）

③被相続人（亡くなった人）の戸籍謄本または全部事項証明書（死亡が確認できるもの）※

④その預貯金を相続する人（遺言執行者がいる場合は遺言執行者）の印鑑証明書※

⑤遺言執行者の選任審判書謄本（裁判所で遺言執行者が選任されている場合）

(2)遺言書がなく、遺産分割協議書がある場合

①遺産分割協議書（法定相続人全員の署名・押印があるもの）

②被相続人の除籍謄本、戸籍謄本または全部事項証明書（出生から死亡までの連続したもの）※

③相続人全員の戸籍謄本または全部事項証明書※

④相続人全員の印鑑証明書

(3)遺言書がなく、遺産分割協議書がない場合

①被相続人の除籍謄本、戸籍謄本または全部事項証明書（出生から死亡までの連続したもの）※

②相続人全員の戸籍謄本または全部事項証明書※

③相続人全員の印鑑証明書

(4)家庭裁判所による調停調書・審判書がある場合

①家庭裁判所の調停調書謄本または審判書謄本（審判書上確定表示がない場合は、さらに審判確定証明書も必要）

②その預貯金を相続する人の印鑑証明書

※ ほとんどの金融機関では、法務局発行の「法定相続情報の一覧図の写し」により、戸籍謄本および全部事項証明書が不要になります（各金融機関にお問い合わせください）。

要となります。金融機関からは、取引内容、相続のケースに応じて、具体的な相続の手続きについて案内があります。

【STEP2】必要書類の準備

被相続人の預貯金相続の手続きに必要な書類は概ね図表10のとおりです。遺言書や遺産分割協議書

の有無などによって、必要な書類に違いがあります。

【STEP3】書類の提出

取引金融機関所定の相続手続書類に所定の事項を記入し、相続人の署名・押印をしたうえで、上記の

必要書類と併せて、取引金融機関に提出します。

【STEP4】払戻しなどの手続き

取引金融機関による上記書類の確認後、払戻しなどの手続きが行われます。

遺産分割前の相続預貯金の払戻し制度

相続が開始され、相続預貯金が遺産分割の対象となる場合は、遺産分割が終了するまでのあいだ、相続人単独では相続預貯金の払戻しを受けられないことがあります。

しかし、遺産分割が終了する前であっても、各相続人が当面の生活費や葬式費用の支払いなどのためにお金が必要になる場合があります。遺産分割前の相続預貯金の払戻し制度は、このような状況に対処するための制度で、預貯金の払戻しを1人の相続人の意思で受けられるようになります。金融機関の窓口に申し出る方法と、家庭裁判所に申し立てる方法の2つがあります。

なお、この制度を利用するためには一定の書類を提出する必要があり、提出した書類を金融機関が確認する時間も必要です。したがって、生活費はまだしも、葬式費用に直接充てるのは困難かもしれません。また、金融機関の窓口に申し出る方法は、払戻しを受け

られる金額に上限があります。

一方、家庭裁判所に申し立てる方法は、金額に上限がないものの、利用するには預貯金だけでなく、相続財産全てについて家庭裁判所に遺産分割の審判または調停の申し立てが必要となり、手間と費用を要することになります。

金融機関の窓口に申し出る方法

各相続人は、相続預貯金のうち、口座ごと（定期預貯金の場合は明細ご

遺産分割前の相続
預貯金の払戻し制度

安心銀行

図表11　金融機関の窓口に申し出る場合の計算式

単独で払戻しができる額 ＝ 相続開始時の預貯金額（口座・明細基準）× 1/3 × 払戻しを行う相続人の法定相続分
必要書類　126ページの**図表10**の⑶と同様。ただし、③は「預貯金の払戻しを希望する人の印鑑証明書」になる。
計算例　相続人が長男、次男の2名で、相続開始時の預貯金額が1口座の普通預貯金600万円であった場合 長男が単独で払戻しができる額＝ 600万円 × 1/3 × 1/2 ＝ 100万円

図表12　家庭裁判所に申し立てる場合の計算式

単独で払戻しができる額 ＝ 家庭裁判所が仮取得を認めた金額
必要書類　126ページの**図表10**の⑷と同様。ただし、②は「預貯金の払戻しを希望する人の印鑑証明書」となる。

と）に**図表11**の計算式で求められる額について、単独で払戻しを受けることができます。

なお、同一の金融機関（同一の金融機関の複数の支店に相続預貯金がある場合はその全支店）からの払戻しは150万円が上限になります。

家庭裁判所に申し立てる方法

家庭裁判所に遺産の分割の審判や調停が申し立てられている場合に、各相続人は、家庭裁判所へ申し立ててその審判を得ることにより、相続預貯金の全部または一部を仮に取得し、金融機関から単独で払戻しを受けることができます（**図表12**）。

なお、生活費の支弁などの事情により相続預貯金の仮払いの必要性が認められ、なおかつ他の共同相続人の利益を害しない場合に限られます。

相続した不動産の名義変更（相続登記）手続き

亡くなった人の不動産を相続により引き継ぐことになった場合は、相続登記が必要です。相続登記に期限はありませんが、後々のトラブルを未然に防ぐためには、速やかに相続登記を行うことが必要です。

被相続人が不動産を所有している場合は、相続人に所有権が移転します。

相続登記手続きには、大きく次の3つがあります。

①法定相続による相続登記
②遺産分割による相続登記
③遺言による相続登記

法定相続は相続の基本型で、民法で定められた順序と割合で各相続人が相続をします。遺言があったり、遺産分割協議が行われたりする場合は、法定相続とは異なる相続がなされることがあります。しかし、遺言も遺産分割協議もない場合は、この基本型の法定相続で相続をすることになります。

一般的には法定相続や遺産分割による相続が多いといえますが、最近は遺言による相続も増えています。

遺言がある場合でも、遺言とは異なる遺産分割協議を行える場合があります。この場合は、遺産分割による相続登記を行うことになります。

相続登記は、もちろん被相続人が亡くなった後で行いますが、いつまでに申請しなければならないといった期限はありません。なかには、登記費用がもったいない、面倒だといって、そのままになっているケースもあります。

相続登記をせずにいると、相続人が亡くなって次の相続が開始されるなどして、権利関係が複雑になり、必要書類が手に入らなくなるなどの不都合が生じます。また、その不動産を売却しようとする場合には、原則として相続登記が完了していないと、売買契約を結ぶことは困難です。

なお、相続登記は相続人が法務局で行います。相続人が複数いる場合は、そのうちの1名が、全員の分を申請することも可能です。また、遺産分割協議で、複数いる相続人のうちの1名に相続させると協議した場合は、その不動産を取得する相続人が申請人になります。

参考までに、相続登記にかかる費用を130ページの**図表13**に、相続登記に必要な書類を**図表14**に示します。

不動産の根抵当権に注意

相続税対策のために、銀行からの融資で賃貸建物を建てるケースがあります。その場合には注意が必要です。

もしも、その建物に**根抵当権**が設定されているのなら厄介です。根抵当権の債務者が亡くなった場合、その死亡から6カ月以内に後継債務者（指定債務者）を定める合意の登記をしないときは、根抵当権の元本は相続開始のとき（債務者の死亡時）に確定したものとみなされます。

根抵当権の元本が確定すると、新たな融資を受けることができなくなるな

図表 13　相続登記にかかる費用

①登記事項証明書代：1 物件につき 600 円

　要約書にした場合：1 物件につき 450 円

②戸籍、住民票、評価証明書代：数千円

③法務局への交通費または郵送代：数千円

④登録免許税：固定資産評価額の 1,000 分の 4

図表 14　相続登記に必要な書類

共通して必要なもの

- 登記申請書
- 被相続人が生まれてから死亡するまでの戸籍謄本（除籍、改製原戸籍、現戸籍）
- 被相続人の住民票の除票（本籍地の記載のあるもの）
- 相続人全員の戸籍謄・抄本
- 不動産を取得する相続人の住民票の写し

※

※法務局発行の「法定相続情報の一覧図の写し」に代替することができます。

- 相続不動産の固定資産税評価証明書
- 相続人の委任状（代理人により申請する場合）
- 相続関係説明図（戸籍謄本、除籍謄本などの原本還付を受けるため）

場合によっては必要になるもの

- 遺言書がある場合は、遺言書
- 遺言執行者の指定がある場合は、遺言執行者の印鑑証明書
- 特別受益者がいる場合は、特別受益証明書及び印鑑証明書
- 相続放棄をした人がいる場合は、相続放棄申述受理証明書
- 遺産分割協議をした場合は、遺産分割協議書及び相続人全員の印鑑証明書
- 調停または審判に基づいて相続登記を申請する場合は、調停調書または審判書（確定証明書付き）の謄本
- 相続欠格者がいる場合は、確定判決の謄本または欠格者自身が作成した証明書・印鑑証明書
- 推定相続人の廃除がなされた場合は、その旨が戸籍に記載されるので、別途書面は必要ない

ど、銀行との取引上大きなマイナスとなります。

そして、よく混同されるのは、根抵当権の合意の登記には、死亡から6カ月後までという期限があることです。相続税の申告と支払いの期限が10カ月後までですので、この期限の違いについては気をつけなければなりません。

死亡保険金の請求手続き

生命保険の保険金は、相続財産とは別に扱われます。生命保険をうまく利用することで、相続をスムーズに進めることも可能です。

その一方で、相続の対象財産を考える場合に、問題になりやすいのが生命保険であるともいえます。

相続に関係するのは、正確には保険金という現金ではなく、生命保険金請求権です。この段階ではまだ保険金を請求できる権利であって、現金化されていないからです。

生命保険金請求権については、例えば受取人として「太郎さん」を指定した場合、同請求権は、保険契約の効力発生と同時に太郎さんの固有財産となり、被保険者の遺産とは別のものとみなされます。したがって、生命保険金は太郎さんのみが得ることになります。

「それがどうしたの？」と、素通りしてしまいそうな話ですが、相続財産とは別のものというところがポイントです。

具体的な事例を挙げて、説明をさせていただきます。

> Aさんには法定相続人である3人の息子B、C、Dがいる。そして、Aさんには3,000万円の銀行預金がある。

事例①　もしも、このままAさんが亡くなると、息子B、C、Dはどれだけの遺産を相続するのでしょうか。

答えは簡単ですね。B、C、Dそれぞれが1,000万円ずつAさんの預金を相続することになります（図表15）。

図表15　Aさんの遺産の相続

Aさんの遺産 3,000万円（預金）

Bが相続する遺産	Cが相続する遺産	Dが相続する遺産
1,000万円（預金）	1,000万円（預金）	1,000万円（預金）

図表16 Aさんの遺産の相続（生命保険がある場合）

Aさんの遺産600万円（預金）

Bが相続する遺産	Cが相続する遺産	Dが相続する遺産
200万円（預金）	200万円（預金）	200万円（預金）
2,400万円（保険金請求権）		

では、ここで生命保険を使ってみましょう。

事例② Aさんの3人の息子のうち、CとDは家を出てしまいましたが、Bは家業を継ぎ、Aさんの老後の面倒も看てくれています。Aさんが病気を患ってからは特に熱心に介護してくれています。そのため、AさんはBに、財産を他の息子よりもたくさん残してやりたいと考えています。

そこでAさんは、銀行預金3,000万円のうち、2,400万円をBが保険金受取人になるような、一時払い終身保険としました。

そうすると、相続により分割されるAさんの遺産は600万円のみで、残りの2,400万円は保険金請求権という形でBのものとなります（**図表16**）。

こうすることにより、遺言がなくとも法定相続分とは異なる遺産分割が可能になります。

付け加えますと、法定相続で遺産を受け取ることができるのは、法定相続人に限られています。しかし、保険金受取人を法定相続人ではない人にすれば、法定相続人以外の人に財産を残すことも可能です。

例えば、長男の嫁は法定相続人にはなれません。[1] 介護などで特別世話になったので財産を残してやりたいと思っても、法定相続分はゼロです。そのようなケースで、保険金請求権を利用する価値があります。

保険金請求権が相続財産とは別に扱われるメリットをもうひとつ紹介しておきます。遺産分割には長い時間と労力がかかります。遺産は相続人全員の共有財産となりますので、相続人のひとりが勝手にそれを処分することはできないのです。銀行預金であれば、遺産分割前の相続預貯金の払戻し制度で払戻しできる部分を除き、遺産分割協

---

1 長男の嫁を法定相続人にするために、養子縁組みをするという手段もありますが、ここではそれは考えません。

図表 17　生命保険金や給付金の請求・受け取りのポイント

《ポイント 1》生命保険会社に連絡しましょう 保険金・給付金の支払事由に該当した場合、保険証券・「ご契約のしおり・（定款）・約款」などを確認し、すみやかに生命保険会社の担当者、または最寄りの営業所、支社、サービスセンター・コールセンターなどに連絡してください。
《ポイント 2》請求から受け取りまでの流れを確認しましょう 保険金・給付金の支払事由に該当した場合、受取人本人が請求する必要があります。あらかじめ、請求から受け取りまでの流れを確認しましょう。
《ポイント 3》保険金・給付金の内容や受け取れる場合・受け取れない場合を確認しましょう 保険金・給付金の内容や受け取れる場合または受け取れない場合については、「ご契約のしおり・（定款）・約款」・生命保険会社のホームページ・請求手続きなどに関するガイドブックなどに記載されていますので、確認してください。
《ポイント 4》請求もれがないように、しっかり確認しましょう 保険金・給付金の支払事由に該当した場合、契約している内容によっては複数の保険金・給付金が受け取れることがありますので、十分に確認してください。また、契約が複数ある場合は全件確認してください。
《ポイント 5》「指定代理請求人」などによる請求ができる場合があります 被保険者が受取人となる保険金・給付金について、受取人（被保険者）が請求できない所定の事情がある場合には、指定代理請求人に関する特約を付加することなどにより、代理人が請求することができます。（代理人に対しては、あらかじめ支払事由および代理請求できる旨、説明しておくことが大切です。）

公益財団法人 生命保険文化センターのウェブサイトより

議書が整うまで、銀行は払い出しに応じません。何千万円もの遺産を受け取る権利がありながら、ただ預金通帳を眺めるだけという期間が何カ月も続くこともあります。それだけならまだよいのですが、お金が必要なのに、どうにもできないこともあります。

生命保険であれば、遺産分割協議とは全く関係なく、受取人が保険金を受け取ることができます。

図表17に、生命保険金や給付金の請求・受け取りのポイントをまとめましたので参考にしてください。

年金関係の諸手続き（遺族年金など）

　厚生年金や共済組合などの加入者が死亡し、かつ個々の支給要件を満たす場合、その遺族には遺族年金が支給されます。

　加入者（被相続人）の死亡によって具体的な財産請求権が発生するという点に注目すれば、遺族年金請求権は相続財産とみなされ、課税されるように見えます。

　しかし、遺族年金はその受給権者や支給規定が法律で個別に定められており、また遺族の生活保障という趣旨で給付される金銭であるため、受給権者固有の権利であると解釈されています。つまり、相続財産とはなりません。

　ただし例外として、相続税などの課税対象になる年金受給権もあります。以下に、具体的な例を2つ紹介します。

事例①　在職中に死亡し、死亡退職となったため、会社の規約などに基づき、会社が運営を委託していた機関から遺族の方などに退職金として支払われる年金があります。この年金は、死亡した人の退職手当金などとして、相続税の対象になります。
事例②　保険料負担者、被保険者、年金受取人が同一人の個人年金保険契約

で、その年金支払い保証期間内にその人が死亡したために、遺族の方などが残りの期間について年金を受け取る場合があります。この場合、死亡した人から年金受給権を相続または遺贈により取得したものとみなされて、相続税の課税対象になります。

　年金を受ける権利は、受給者が亡くなると失われます。そのため、亡くなってから10日（国民年金は14日）以内に、年金事務所または年金相談センターに死亡の届出（年金受給権者死亡届の提出）をしなければなりません。ただし、日本年金機構に個人番号（マイナンバー）が収録されている人は、原則として死亡届を省略できます。

　届出には、死亡届のほか、死亡の事実を証明する書類（戸籍抄本、死亡診断書など）が必要になります。

　遺族が前述の遺族年金を請求する場合は、年金請求書に必要な書類を添えて、年金事務所または年金相談センターに提出します。

その他財産の名義変更手続き一覧

　預貯金や不動産の名義変更、生命保険金の請求、年金関係の諸手続きについてはこれまでに説明しましたが、ここではその他の財産の名義変更手続きについて触れます。

　遺産分割協議が終了し、相続財産の分配が決まると、その内容に従って遺産分割協議書を作成します。そして、その内容どおりに相続財産の名義を変更していく手続きを進めなければなりません。

　相続財産の名義変更には、いつまでにしなくてはならないという期限はありませんが、名義変更の前に次の相続が起こってしまった場合、手続きが複雑になり、トラブルのもとになります。また、相続した財産を売却する場合、名義人が被相続人のままだと売却できませんので、結果的に名義変更をしなくてはならなくなります。

　そういったトラブルを避けるためにも、遺産分割協議が終了したら、なるべく早めに相続財産の名義を変更すべきです。

株式の名義変更手続き

　株式の名義変更の手続きは、被相続人名義の株式が上場株式か非上場株式

かで異なります。

　上場株式は、証券取引所を介して取引が行われています。そのため、証券会社と、相続する株式を発行した株式会社の両方で、手続きをすることになります。

　証券会社は顧客ごとにそれぞれ取引口座を開設していますので、取引口座の名義変更手続きを行います。

　取引口座を相続する相続人は、以下の書類を証券会社に提出し、名義変更をすることになります（ここに挙げたものは一般的な例で、証券会社や個々の事例により異なることがあります）。

①取引口座引き継ぎの念書（証券会社所定の用紙）
②相続人全員の同意書（証券会社所定の用紙）
③相続人全員の印鑑証明書
④被相続人の出生から亡くなるまでの連続した戸籍謄本（除籍謄本を含む）または法定相続情報の一覧図の写し
⑤相続人全員の戸籍謄本または法定相続情報の一覧図の写し

　証券会社で取引口座の名義変更手続

図表18　相続財産の名義変更

	遺産の種類	手続き先	必要な書類
名義書換手続き	不動産	地方法務局（本支局・出張所）	所有権移転登記申請書、戸籍謄本（相続人）[※1]除籍謄本（被相続人）[※1]住民票（相続人）、固定資産課税台帳謄本、その他書類[※2]
	預貯金	預貯金先	依頼書（銀行などに備付）、除籍謄本（被相続人）[※1]戸籍謄本（相続人）[※1]預貯金通帳、その他書類[※2]
	自動車	地方運輸局の運輸支局など	移転登録申請書、自動車検査証（有効なもの）、自動車検査証記入申請書、戸籍謄本（相続人）[※1]除籍謄本（被相続人）[※1]自動車損害賠償責任保険証明書（呈示のみ）、その他書類[※2]
	特許権 / 実用新案権 / 意匠権 / 商標権	特許庁審査業務課登録室	移転登録申請書、戸籍謄本（相続人）[※1]除籍謄本（被相続人）[※1]その他書類[※2]
支払い請求手続き	生命保険金	生命保険会社	戸籍謄本（相続人）[※1]除籍謄本（被相続人）[※1]生命保険証、生命保険金請求書、死亡診断書、印鑑証明書（相続人）
	退職金	勤務先	戸籍謄本（相続人）[※1]除籍謄本（被相続人）[※1]

※1 ほとんどの手続き先では、被相続人および相続人の除籍謄本・戸籍謄本は「法定相続情報の一覧図の写し」で代替できます（各手続き先にお問い合わせください）。

※2 上記に加えて、遺産分割協議書および相続人全員の印鑑証明書、または遺言書が必要です。

きが終了したら、次に株式を発行した株式会社の株主名簿の名義変更手続きをします。この手続きは、証券会社が代行して手配してくれます。その際、相続人は以下の書類を用意することになります。

相続人全員の同意書（名義の書き換えを代行している証券会社所定の用紙）

非上場株式は取引市場がないので、会社によって行う手続きが変わります。発行した株式会社に直接問い合わせる必要があります。

　このほかにも、自動車、特許権、生命保険金、退職金など、手続きが必要な財産はあります。

　図表18に、おもな相続財産の名義変更についてまとめました。名義の変更に必要な書類は、この図表以外にも存在する場合があります。手続きの際には、あらかじめ手続き先に問い合わせ、確認をしておくとよいでしょう。

相続相談のコツ：自分の考えをメモにまとめる

相続の専門家に相談する前に、自分が考えていることをメモにまとめておきましょう。メモすることで考えが整理され、専門家に自分の希望を伝えやすくなります。

相続で悩んでいること

家族への思い

第3章
相続税に関する知識

相続が発生すると、相続財産の額によっては相続税を納めることになります。ところで、そもそも相続税は何のためにあるのでしょうか。本章では、相続税の基礎知識や、計算方法などについて解説します。

相続税についての基礎知識

　相続税とは何か、なぜそのような税金が存在するのか、あらためて考えてみましょう。

　財産が親から子へ移るだけなのに、なぜ税金がかかるのでしょうか。相続税のもつ働きについて、代表的なものを紹介します。

所得税の補完機能

　相続税は、被相続人が生前に受けた税制上の特典や、負担の軽減などにより蓄えた財産を、相続開始の時点で清算するという働きをもっています。相続税は、所得税を補完するものであるという見方ができます。

富の集中抑制機能

　相続税は、相続により相続人などが得た偶然の富の増加に対し、その一部を税として徴収するという働きをもっています。これにより、相続した者と、しなかった者との間の財産の均衡を図り、併せて富の過度の集中を抑制するという意図があります。

　相続税は上記の機能を実現するため、所得税などの他の税金とは異なる、独

図表19 相続税は富の集中を抑制し、相続人間の税負担の公平性を実現

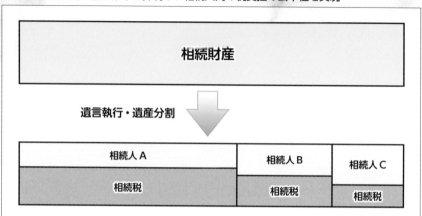

特の課税方式を採用しています。

相続税の額を計算する際は、各相続人が相続した財産に応じて、それぞれ超過累進課税が適用されるため、富の集中を抑制することが期待できます。

また、同一の被相続人から財産を取得した人の間で、取得財産額に応じた税負担の公平性が実現される仕組みが用意されています（図表19）。

相続税の計算方法

正味の遺産額

相続税を計算する場合、まずは課税対象となる遺産の額を求めます。

被相続人の預貯金や土地・建物などの財産から、借入金などの債務や葬式費用を引いたものが、相続税がかかる可能性のある正味の遺産額です。

なお、正味の遺産額には、被相続人が亡くなったことで相続人が得る生命保険金や死亡退職金なども含まれます。これらには遺族の生活保障という意味合いがあるため、非課税限度額が設定されています[2]。

---

1 生命保険は、被保険者、保険料の負担者、保険金の受取人が誰であるかで、所得税や贈与税、相続税など、かかる税金が変わります。被相続人の死亡によって取得した生命保険金で、その保険料の全部または一部を被相続人が負担していたものは、相続税の課税対象になります。

2 相続人以外の人が取得した死亡保険金には非課税の適用はありません。

> 生命保険金や死亡退職金の非課税
> 限度額＝500万円×法定相続人の
> 数

生命保険金や死亡退職金は、非課税限度額を超えたぶんが正味の遺産額に加えられます。

相続税の基礎控除額

正味の遺産額を求めたら、次に基礎控除額を計算します。正味の遺産額が基礎控除額以下であれば、相続税はかかりません。

相続税の基礎控除額は、次の計算式で求めることができます。

> 基礎控除額＝3,000万円＋600万
> 円×法定相続人の数

例えば、法定相続人が妻と子供3人の場合、基礎控除額は3,000万円＋600万円×4人＝5,400万円になります。正味の遺産額が5,400万円以下の場合は、相続税はかかりません。

逆に、正味の遺産額が基礎控除額を超える場合は、相続税がかかります。ただし、正味の遺産額ではなく、正味の遺産額と基礎控除額の差額に対して相続税がかかります。この差額のことを、課税遺産総額と呼びます。

> 課税遺産総額＝正味の遺産額－基
> 礎控除額

相続税の総額の計算

相続税の額は、少し複雑な方法で計算します（図表20）。

まず、課税遺産総額を、法定相続人がいったん法定相続分で分割したと想定します。そして、各法定相続人が法定相続分に応じて得た金額に、図表21の速算表に示した税率を掛けて、各人の相続税額を求めます。算出した各人の相続税額を合計すると、相続税の総額になります。

遺言や遺産分割協議などのため、法定相続分とは異なる遺産分割を行う場合は、実際に財産を取得した割合に応じて、相続税の総額を各法定相続人が按分することになります。

このような計算方法を用いているのは、遺産分割の方法によって税額が変動すると、それを利用した不当な遺産分割協議が行われる可能性があるからです。

これを防ぐために、遺産を各相続人が法定相続分通りに分割したものと考えて、相続税の総額を計算するのです。

図表 20　相続税の計算の流れ

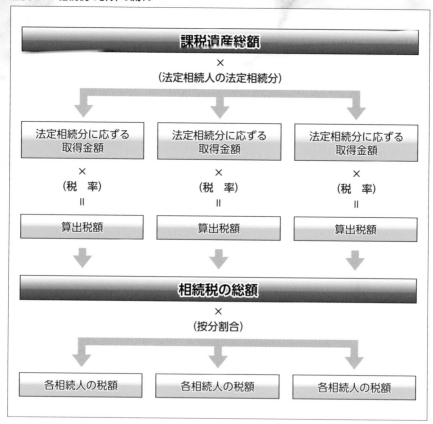

図表 21　相続税の速算表

法定相続分に応ずる取得金額	税率	控除額
1,000万円以下	10%	―
3,000万円以下	15%	50万円
5,000万円以下	20%	200万円
1億円以下	30%	700万円
2億円以下	40%	1,700万円
3億円以下	45%	2,700万円
6億円以下	50%	4,200万円
6億円超	55%	7,200万円

相続税を計算してみよう

以下の計算例をもとに、相続税の概算をしてみましょう。

> 計算例　相続人が配偶者と子2人、相続財産が8,000万円の場合を例に、相続税の概算をします。

① 相続財産の合計から基礎控除額を引く

8,000万円－（3,000万円＋600万円×3名）＝3,200万円

② 各人の法定相続分の取得額を算出

3,200万円×1/2＝1,600万円（配偶者分）

3,200万円×1/4＝800万円（子の分）

3,200万円×1/4＝800万円（子の分）

※いったん財産総額を法定相続分で取得したと仮定して計算します。

③ 相続税額を計算

配偶者分：1,600万円×15％－50万円＝190万円

子の分：800万円×10％＝80万円

子の分：800万円×10％＝80万円

合計：350万円

④ 各相続人の取得額によって按分

（例えば配偶者1/2、長男1/2、次男なしで相続した場合）

配偶者：350万円×1/2＝175万円

配偶者特例　▲175万円→0円

長男：350万円×1/2＝175万円

次男：350万円×0＝0円

参考までに、相続税の概算をまとめた納税早見表を図表22〜24に示します。

図表22　納税早見表（相続人が配偶者と子2人の場合）

相続財産	相続税額
5,000万円	10万円
6,000万円	60万円
7,000万円	112.5万円
8,000万円	175万円
9,000万円	240万円
1億円	315万円
1億5,000万円	747.5万円
2億円	1,350万円
2億5,000万円	1,985万円
3億円	2,860万円
3億5,000万円	3,735万円
4億円	4,610万円
4億5,000万円	5,492.5万円
5億円	6,555万円
6億円	8,680万円
7億円	1億870万円
8億円	1億3,120万円
9億円	1億5,435万円
10億円	1億7,810万円

図表23　納税早見表（子2人の場合）

相続財産	相続税額
5,000万円	80万円
6,000万円	180万円
7,000万円	320万円
8,000万円	470万円
9,000万円	620万円
1億円	770万円
1億5,000万円	1,840万円
2億円	3,340万円
2億5,000万円	4,920万円
3億円	6,920万円
3億5,000万円	8,920万円
4億円	1億920万円
4億5,000万円	1億2,960万円
5億円	1億5,210万円
6億円	1億9,710万円
7億円	2億4,500万円
8億円	2億9,500万円
9億円	3億4,500万円
10億円	3億9,500万円
15億円	6億5,790万円
20億円	9億3,290万円
25億円	12億790万円
30億円	14億8,290万円

図表24　納税早見表（子1人の場合）

相続財産	相続税額
5,000万円	160万円
6,000万円	310万円
7,000万円	480万円
8,000万円	680万円
9,000万円	920万円
1億円	1,220万円
1億5,000万円	2,860万円
2億円	4,860万円
2億5,000万円	6,930万円
3億円	9,180万円
3億5,000万円	1億1,500万円
4億円	1億4,000万円
4億5,000万円	1億6,500万円
5億円	1億9,000万円
6億円	2億4,000万円
7億円	2億9,320万円
8億円	3億4,820万円
9億円	4億320万円
10億円	4億5,820万円
15億円	7億3,320万円
20億円	10億820万円
25億円	12億8,320万円
30億円	15億5,820万円

※図表22～24の早見表には、法定相続分で各相続人が取得したと仮定した場合の相続税額の合計額を記載しています。配偶者がいる場合は、配偶者の税額軽減を法定相続分まで適用しています。

相続税の大まかな額を知っておくと、今後の方針が立てやすくなりますよ！

143

税務署から突然届く「相続税についてのお尋ね」

相続が発生してから半年ほど経ったころ、税務署から突然、「相続税についてのお尋ね」という質問状が入った封書が送られてくることがあります。このような封書がなぜ送られてくるのかについて解説します。

税務署は事前に情報をつかんでいる!?

相続発生後に、税務署から送付されてくる「お尋ね」の封筒は、全ての家に送付されるものではありません。相続税が発生しそうな家をあらかじめ選定して送付されます。では、なぜ税務署はそのようなことが分かるのでしょうか？

税務署はいつ誰が亡くなったのかを全て知っている

人（被相続人）が亡くなると、最初の手続きとして、市区町村役場に死亡届を提出します。

死亡届を受け取った市区町村役場は、その情報を管轄の税務署に報告しています。そのため、死亡届の提出とともに、相続発生の事実を税務署が知ることになります。

富裕層の人や国外に財産を所有している人は要注意

相続発生の事実が税務署に通知されると、税務署では亡くなった人の財産

が相続税の課税対象になる可能性があるかどうかを調べます。過去の所得税の確定申告書、財産債務調書や国外財産調書（146ページを参照）などで判断されます。収益不動産を保有していれば、毎年、不動産所得の確定申告をしています。会社からたくさん給料をもらっていた人も、源泉徴収票などで確認されます。

たくさん税金を納めていたということは、それだけたくさん稼いで財産を蓄積しているのではないかと見られてしまいます。

納税額が少なくても油断は禁物

それでは、稼ぎが多くなく、不動産は自宅だけで賃貸物件も所有していないという人は、相続税申告をしなくてもよいのでしょうか？

「お尋ね」は、前述のような方法で、選定された人に送付されてきます。実際のところは、相続税申告が必要な財産を所有していても、税務署から通知が来ないことも多々あります。

しかしそのような場合でも、相続税の基礎控除を超える財産を保有していれば、相続開始から10カ月以内にきちんと相続税申告を行うことが必要です。

税務署から通知が来ないのであれば、申告しなくてもバレないのではないか

と思う方がいらっしゃるかもしれません。しかし、ほとんどのケースでは税務署にバレてしまいます。

むしろ、税務調査を実施すべきと認められると、「お尋ね」の送付はなく、調査の連絡があることも多くあります。

例えば、自宅の名義変更のために相続登記を行った場合は、相続登記の情報が法務局から税務署へ通知される仕組みになっているため、自宅を相続した事実が税務署に知られてしまいます。

無申告の状態で相続開始から10カ月が経過した後で、税務署から指摘されて相続税申告を行うと、延滞税や無申告加算税、重加算税、場合によっては罰金などの重いペナルティーを受けてしまうため注意が必要です。

税務署はなぜ「お尋ね」を送るのか

さて、そもそも税務署はなぜ「お尋ね」を送っているのか、その事情を見てみましょう。

最近、「税務署が相続税の無申告者に対する税務調査を強化している」という話をよく耳にします。また、相続税の無申告者と併せて、海外財産に対する調査が強化されています。

税務署は、相続が発生した人に「お尋ね」を送付し、相続の内容、収入金額の内訳について調査を行っています。そのような調査が行われる背景には、

図表25 国外財産調書の記入例

				令和××年12月31日分　国外財産調書				
国外財産を 有 す る 者	住　　　所 （又は事業所、 事務所、居所など）		東京都千代田区霞が関3－1－1					
	氏　　　名		国税　太郎					
	個 人 番 号		0000 0000 0000			電話 番号	（自宅・勤務先・携帯） 03 ×××× ××××	
国外財産 の 区 分	種　　類	用途	所　　在 国名		数量	上段は外国通貨等の取得価額 価　　額		備考
土地		事業用	オーストラリア ○○州△△△XX 通り 6000		1 200 ㎡	54,508,000	円 円	
建物		事業用	オーストラリア ○○州△△△XX 通り 6000		1 150 ㎡	80,000,000		
その他の財産	委託証拠金	一般用	アメリカ ○○証券○○支店			10,000,000		
合　　　　計　　　　額						513,841,944		
（摘要）								

出所：国税庁ウェブサイト

税務署のマンパワーの問題があります。

　税務署は限られた人員で、相続税の税務調査だけでなく、申告相談、申告書処理、指導をしなければなりません。

　そこで相続が起きると、まずは「お尋ね」を送ることで、大きく網をかけるのです。そのようにして網をかけた対象のなかから、悪質かつ多額の申告漏れが見込まれるところに対し、税務署は重点的に調査を行います。

　悪質かつ多額の申告漏れが見込まれるところ、それがずばり**無申告**と**海外財産**なのです。

税務署は海外財産の調査を強化

　とりわけ最近の特徴として、海外財産に対する調査が強化されています。

　これは、平成24年度税制改正により、国外財産調書制度が創設されたことと関係があります。

　この制度により、その年の12月31日の時点で価額の合計額が5,000万円を超える海外財産を有する人は、財産の種類、数量および価額などの必要な事項を記載した国外財産調書（**図表25**）を、翌年の3月15日までに税務署に提出しなければなりません。

　海外への送金については、マネーロンダリング（資金洗浄）やテロ防止という観点から、金融機関から当局へ、かなり詳細な報告がなされています。

　現行ルールでは、100万円を超える海外送金があった場合には、金融機関から税務署に国外送金等調書が提出さ

れます。したがって、税務署は海外への資産移転に関して、かなり正確な情報を把握していると想像できます。

海外投資に積極的な人も増えていますので、海外財産の把握については、税務署としても確実に押さえておきたいという思惑があるのです。

「お尋ね」の対象は拡大傾向

こうした海外投資が身近になるにつれ、「お尋ね」の送り先も、一部の富裕層からサラリーマン、主婦へと広がっています。

今後は国外財産調書に基づく「お尋ね」や税務調査が本格化すると予想されます。

「お尋ね」への回答を提出しなかった場合や、国外送金等調書によって税務署が把握している海外預金口座の記載が国外財産調書になかった場合など、疑義があるケースでは税務調査に発展する可能性が高いと考えられます。

困ったときは相続の
専門家にご相談ください！

第4章
遺産分割に関する知識

故人の遺産を誰がどれだけ引き継ぐのかは、相続人が全員で行う遺産分割協議で決まります。本章では、遺産分割の流れ、遺産分割協議書の書き方、遺産分割協議で問題になりやすいことについて解説します。

遺産分割の流れと遺産分割協議書

人が亡くなると相続が発生し、残された相続人は**図表26**のような流れで遺産分割を行うことになります。

遺産分割の流れは遺言の有無によって変わり、遺言がない場合は相続人間で遺産分割協議を行います。有効な遺言があればそれを執行することになりますが、その場合でも、遺留分[1]を考慮するために遺産分割協議を行うことができます。そして、そこで決まった内容に基づき、遺産分割協議書を作成します。

遺産分割協議書は、専門家の手を経ずとも、相続人が自分たちで作成できます。

なお、相続人全員の合意があれば、指定相続分や法定相続分とは異なる分割をすることも可能です。たとえ有効な遺言があっても、相続人全員が遺言の存在を知り、その内容を正確に理解したうえで遺言の内容とは異なる遺産分割協議書を作成すれば、その内容は有効です。

なお、不動産がある場合には、裁判所の遺産分割調停や審判調書がある場

---

1 遺留分については 166 ページの「基礎知識：遺留分とは」を参照。

図表 26　遺産分割のフローチャート

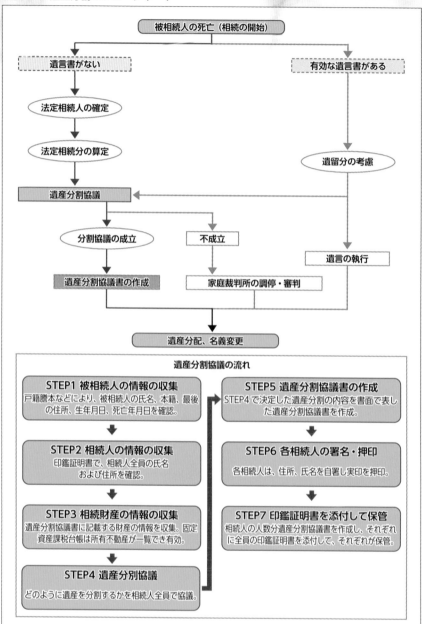

合を除けば、遺産分割協議書は必ず作成しなければなりません。これは、相続をした不動産の名義を変える際に、法務局へ提出する必須書類だからです。

銀行や証券会社の手続きの際にも、遺産分割協議書があれば、解約などの手続きがスムーズに行えます。

遺産分割協議書の作成

遺産分割協議書は、遺言とは異なり、要件を満たさなければ無効となるものではありません。その一方で、相続人全員が納得し、遺産の分割が終了したことを示す書類でもあります。また、この書類は預貯金の分配や、債務の引き受けを行うにあたり、金融機関にも提出することになります。

遺産分割協議書の作成の目的は、不動産や預貯金の名義変更、相続税の申告書への添付などのためだけではありません。相続人間における分割内容の合意・確認や、法的に分割が終了したことを明確にするといった意味合いもあり、とても重要な書類です。

遺産分割協議書作成の留意点

遺産分割協議書の作成にあたっては、いくつかの留意点があります。

・ 遺産分割協議は、相続人全員で行います。認知症の人や未成年者など、遺産分割協議に参加できない人がいる場合は、成年後見人や特別代理人が必要になるケースもあります。なお、遺産分割協議書に押印する印鑑は、全て実印です。

・ 財産・債務は、漏れなく記載することが必要です。なお、生命保険金や死亡保険金に関しては、遺産分割協議の対象ではないため記載しません。

・ もしも遺産分割協議後に見つかった財産や債務があれば、その財産・債務について再度遺産分割協議が必要になります。なお、遺産分割協議後に判明した財産・債務についての取り扱いを、遺産分割協議書にあらかじめ定めておくことも可能です。

・ 遺産分割協議書は、複数回にわたって、日を変えて作成しても有効です。

・ 遺産分割協議のやり直しは、法的には有効ですが、課税上は当初の分割内容で確定します。そのため、やり直しによる相続人間の財産の移転については、贈与として認定

されます。

　預貯金の相続や、借入金の債務引き受けにあたっては、遺産分割協議書を金融機関に提出することになります。

　金融機関では、基本的に遺産分割協議書に基づいて預貯金の分割を行います。ただし、少額の場合は特例扱いで、代表相続人に一括して相続預貯金を渡すこともあります。

　金融機関が債権を有している場合でなければ、遺産分割の内容について特に問題になることはありません。その一方で、借入金がある場合は注意が必要です。特に事業資金については、事業の継承者が債務を引き継ぐのが合理的でしょう。事前に金融機関と相談するのが賢明です。

　また、金融機関では実印の押印と印鑑証明が重要視されます。なぜなら、遺産分割協議書に署名押印した人全員を一堂に集めて意思確認を行うことは困難だからです。

　その書類が本人の真意に基づいて作成されたものかどうかが民事訴訟で争いになった場合に、民事訴訟法上、実印による押印があった場合は本人の意思に基づいていると認められるという背景があります。

　遺産分割協議書に最も神経質になっているのは金融機関です。誤った遺産

分割を行えば、他の相続人に不利になってしまうからです。そこで、金融機関が遺産分割協議書のどの部分に注目しているのかを紹介します。

金融機関は遺産分割協議書のどこを見るのか

被相続人に関する記載

　戸籍全部事項証明書、戸籍謄本、除籍謄本で、法定相続人が誰かを確定する作業を行います。

遺産分割協議に参加する必要がある者に関する記載

　相続人全員が原則ですが、相続放棄をした相続人がいないか、相続欠格者や廃除者はいないかを確認します。

遺産分割協議の内容

　法定相続分や遺言の内容とは異なる遺産分割協議書が提出されたとしても、遺産分割協議書の内容に沿って手続きがなされます。

遺産分割協議書の作成日

　未成年者本人が遺産分割協議書に署名、押印していないかを確認するために重要な意味を持ちます。

相続人の署名、押印欄

　遺産分割協議に参加すべき者が全員参加しているか、未成年者など本人に代わって代理人が参加しなければならない者がいないか、各

図表27　自分でも書ける！ 遺産分割協議書

遺産分割協議書

最後の本籍　　　東京都〇〇区〇〇〇番〇号
最後の住所　　　東京都〇〇区〇〇〇番〇号

被相続人〇〇〇〇（令和〇年〇月〇日死亡）の遺産については、同人の相続人全員において、分割協議を行った結果、各相続人がそれぞれ次の通り、遺産を分割し、債務・葬式費用を負担することに決定した。

１．相続人〇〇〇〇は次の遺産を取得する。
（１）土地
所在　　　東京都〇〇区〇〇〇番
地番　　　〇〇番〇
地目　　　宅地
地積　　　〇〇〇.〇〇㎡

（２）建物
所在　　　東京都〇〇区〇〇〇番
家屋番号　〇〇番〇
種類　　　木造
構造　　　瓦葺2階建
床面積　　1階　〇〇.〇〇㎡　　2階　〇〇.〇〇㎡

２．相続人〇〇〇〇は次の遺産を取得する。
（１）預貯金
①〇〇銀行〇支店　　普通預金　口座番号0000000
②〇〇銀行〇支店　　定期預金　口座番号0000000

上記の通り相続人全員による遺産分割の協議が成立したので、これを証するために本書を作成し、以下に各自署名押印する。なお、本協議書に記載なき遺産・債務並びに後日判明した遺産・債務は、相続人全員で別途協議して決めるものとする。

令和〇年〇月〇日

住所　東京都〇〇区〇〇〇番〇号
氏名　〇〇〇〇　実印

住所　東京都〇〇区〇〇〇番〇号
氏名　〇〇〇〇　実印

ポイント①
遺産分割協議書は、相続人の自署でなくても、ワープロソフトの印字や代筆でも可能です。

ポイント②
「最後の本籍」は除籍謄本に、「最後の住所」は住民票の除票に記載があります。

ポイント③
不動産については、登記簿謄本を参考にして正確に記載しましょう。

ポイント④
その他、預貯金などについては、その財産や金額が特定できるように記載しましょう。

ポイント⑤
後々のトラブルを避けるため、各相続人は自署で署名を行い、実印で押印をしましょう。

参加者の住所が印鑑証明書上の住所になっているか、各参加者の押印が実印かを確認します。

なお、遺産分割協議書は前述の通り、専門家に頼らなくても相続人が自分たちで書くことが可能です。**図表27**に、遺産分割協議書の記載例と、書くときのポイントをまとめておきますので参考にしてください。

遺産分割協議書は訂正できるのか

遺産分割協議書の作成にあたり、問題になりそうなことに触れておきます。

事例 遺産分割協議書の一部が訂正されている場合、遺産分割協議が有効に成立したといえるのか。

遺産分割協議書は、遺産分割協議における当事者間の合意を書面化したものですから、訂正内容が当事者の意思を反映したものであれば、遺産分割協議は訂正後の内容に従って有効に成立したものと考えられます。

なお、訂正のなされた遺産分割協議書を金融機関などに提示する際には、訂正の内容が遺産分割協議に参加した相続人全員の意思を反映するものであることを確認するため、当該訂正箇所につき相続人全員の訂正印の押印を求められるのが一般的です。

被相続人から生前に受けた資金援助は相続の際にどう扱われるのか

事例 生前に親から資金援助を受けていた場合、相続にどのような影響があるのか。

遺産分割においては、相続人全員が納得のもと遺産分割協議書を作成し、それに基づいて遺産を分けることになっています。しかし、すべての相続人が公平だと感じる遺産分割を実現するのはとても難しいことです。

相続人のなかには、被相続人の生前に援助を受けていた人もいるでしょう。その援助の内容も、人によってさまざまでしょう。そのようなことを無視し、法定相続分で一律に遺産分割を行えば、不満を持つ相続人が出てくるのは当然のことです。

そのため、民法には特別受益者の相続分と呼ばれる以下のような規定があります。

民法第903条 共同相続人中に、被相続人から、遺贈を受け、又は婚姻若しくは養子縁組のため若しくは生計の資本として贈与を受けた者があるときは、被相続人が相続開始の時において有した財産の価額にその贈与の価額を加えたものを相続財産とみなし、第900条から第902条までの規定により算定した相続分の中からその遺贈又は贈与の価額を控除した残額をもってその者の相続分とする。

2 遺贈又は贈与の価額が、相続分の価額に等しく、又はこれを超えるときは、受遺者又は受贈者は、その相続分を受けることができない。

3 被相続人が前二項の規定と異なった意思を表示したときは、その意思に従う。

4 婚姻期間が二十年以上の夫婦の一方である被相続人が、他の一方に対し、その居住の用に供する建物又はその敷地について遺贈又は贈与をしたときは、当該被相続人は、その遺贈又は贈与について第一項の規定を適用しない旨の意思を表示したものと推定する。

被相続人から生前に資金援助や結婚資金の贈与などを受けた相続人がいる場合、そのような相続人を特別受益者と呼びます。どのような贈与が特別受益になるのかは、贈与の価額、被相続

人の資産、相続人の生活実態などから判断されます。

相続が発生すると、特別受益は特別受益者個人のものではなく、相続人全員の相続財産の一部と見なされます。各相続人の相続分は、相続財産に特別受益の価額を含めたうえで算定します。

このため特別受益者は、自分の相続分が特別受益の価額を上回らないと、相続の際に新たな財産を取得できません。

生前に多額の現金をもらっていたら

特別受益者の相続分の具体例として、以下のケースを考えてみてください。

被相続人が相続開始時に1,000万円相当の財産を持っていたとします。

相続人A、BおよびCのうち、Aのみが生前に200万円の贈与を受けていると、Aが得た現金は特別受益とみなされ、各相続人の相続分を算定する際の基礎となる相続財産に含めて考えられます。

この場合、相続財産は1,200万円とみなされ、各人の相続分は3分の1である400万円ずつとなります。このうち、Aは既に特別受益として200万円を取得しているため、Aが自分の相続分として新たに取得できる財産額は200万円になります。これに対し、BおよびCは、それぞれ400万円ずつを取得することになります。

完全な平等は難しい……

何が特別受益になるのかでもめやすい親の援助としては、結婚資金、学費、

親との同居（家賃）、家の購入費、留学支援などが挙げられます。こうした援助も含めて完全に平等な相続を実現するのは簡単ではありません。相続の専門家による仲介や、相続人間の丁寧な話し合いが重要になります。

持戻し免除の意思表示の推定規定

これまで述べたような特別受益に関するトラブルを軽減するため、民法改正の際に、第903条4項として持戻し免除の意思表示の推定規定が新設されました。

これは、被相続人が、配偶者の特別受益分について、遺産への持戻し免除の意思を明示的に表示していない場合にも、持戻し免除の意思表示があったと推定する規定です。

その条件として、①婚姻期間が20年以上にわたる夫婦間において、②被相続人が配偶者に居住用の建物またはその敷地について遺贈または贈与（死因贈与含む）をしたとき、となります。遺贈による配偶者居住権の設定も同様に扱われます。

この規定が適用されることで、配偶者は特別受益分を遺産に持ち戻す必要がなくなり、配偶者は多くの遺産を取得できることになります。

なお、遺産分割審判手続きなどにおいて、他の相続人により、被相続人の持戻しの意思表示があったことが明らかとされた場合、この規定は適用されません。

親の面倒をみることは相続で考慮してもらえるのか

相続は金銭勘定だけの問題ではなく、感情の問題でもあります。被相続人の生前に、その財産の維持または増加に特別の貢献をした人には寄与分が認められています。

相続人の寄与分は、法定相続人間の合意または家庭裁判所の調停や審判で決まります。また、特別寄与制度により、法定相続人以外の親族が寄与料を請求できることもあります。こんな例を想像してみてください。

> **事例** 大病を患った父が5年間の闘病の末亡くなった。長男は既に家を出ていて、実家で両親と暮らしていたのは次男夫婦だった。次男の妻は義父によく尽くした。義父の病状が悪くなってからは、仕事を辞めて介護に専念した。次男も家に手すりを付けてバリアフリ

図表 28　被相続人の介護をしていた法定相続人以外の親族も特別寄与の請求ができる

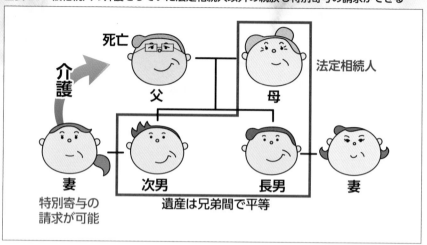

死亡

介護

父

法定相続人

母

妻

特別寄与の
請求が可能

次男

長男

妻

遺産は兄弟間で平等

ーにしたり、病院までのタクシー代を支払ったりするなど、金銭的にも多大な負担をしてきた。

そのような事情があるにもかかわらず、実家を出て東京に住んでいた長男夫婦が現れ、「お父さんの遺産は法定相続分通りに分割しよう」と言い出したら、次男夫婦にしてみればたまったものではありません。

そこで民法では、亡くなった人の事業を手伝うほか、病気の看護をするなど、亡くなった人の財産を増やしたり、維持したりすることに特別な貢献をした相続人には、貢献度合いに応じて多めに財産をもらうことが認められています。それが寄与分です。

寄与分が認められれば、その人はま

ず相続財産からその寄与分を確保でき、残りを相続人が分けるという手順で遺産が分割されることになります。

さらに事例のように、子の配偶者（嫁や婿）など、法定相続人以外の親族が献身的に親の介護をしていたケースでは、特別寄与制度によって寄与料を請求できる場合があります（図表28）。

相続人の寄与分の求め方

寄与分の存在や金額は、相続人間の遺産分割協議によって決められますが、相続人間で話し合いがつかない場合は、特別の寄与をした人が家庭裁判所に審判を求めることができます。

家庭裁判所は、寄与の時期、方法、程度、遺産の額などを考慮して、寄与

分を決めます。

なお、寄与分の金額については、相続開始時の財産の価額から、遺言により遺贈された価額を差し引いた額を超えることはできません。

寄与分が認められるケース
①自分の「私財」を提供して被相続人の面倒をみていた。
②無報酬で、被相続人の事業に従事していた。
③相続財産の維持・増加に寄与した。

なお、寄与分が認められるためには、通常の家族間の相互扶助の域を超えた特別な貢献でなければなりません。単に一緒に生活していただけでは認められません。

相続人以外の者の貢献

前述のように、民法改正により、特別寄与料の支払請求権が新設されました。

これは、相続人以外の親族による、被相続人の介護や療養看護などの貢献があった場合、相続人に対して、金銭の支払い請求ができる制度です。

その条件として、①療養看護、介護や労務の提供が無償であること、②被相続人の財産が維持または増加したこと、が必要となります。

特別寄与料の金額は、基本的に寄与者と相続人間での協議となりますが、協議が調わないときは家庭裁判所にて協議に代わる処分手続きが可能です。

ただし、相続開始（被相続人が亡くなったとき）と、相続人が誰かを知ったときから6カ月、または相続開始から1年を経過すると家庭裁判所での処分手続きができなくなるため、注意が必要です。

寄与分のトラブル回避に役立つ遺贈

寄与分に関わるトラブルを避けるには、どうすればよいのでしょうか。

こうした場合、遺言書に記載することで、介護に尽くした人に特別に財産を残すことができます。これを遺贈といいます。

遺言は、寄与分に関わるトラブルを防ぐ有効な手法のひとつです。

第5章
相続トラブルを避ける方法

本章では、相続の際に起きる典型的な問題と、それを解決する方法を紹介します。相続のトラブルは親族間に深刻な亀裂をもたらしますが、あらかじめ対策を講じておけば避けることができます。本章をよく読んで、円満な相続を目指してください。

事例① 面倒をみてくれた長女とお騒がせな次女

中川さんの悩み

中川一郎さん（73歳）には2人の子供がいますが、2人とも社会人になり、それぞれ実家を離れて暮らしていました。

しかし、昨年から中川さんが体調を崩したこともあり、長女夫婦と同居を始めました。これからも長女には世話になることが予想されるので、中川さんは自分の財産を長女にできるだけ多く相続させてあげたいと考えています。

一方、中川さんの次女は昔から金遣いが荒く、定職に就かず、金銭の要求をしてくることもあります。そのことも、中川さんが次女ではなく長女に財産を相続させたいと考えている理由です。

遺言を書いて争族を防ぐ

中川さんは、次女の遺留分[1]に配慮しながら、長女にできるだけ多くの財

1　遺留分とは、法律上認められた相続人の最低限の権利のこと。遺留分を得る権利は遺言でも侵害できない。詳しくは166ページの「基礎知識：遺留分とは」を参照。

図表29　遺言には財産の分け方だけでなく、家族への思いも書いておく

付言事項の例

　私はすばらしい家族に恵まれて、後悔のない人生を過ごすことができました。本当にありがとう。

　長女の○○には、私が体調を崩してから同居をしてもらい、面倒をみてくれて、感謝の気持ちでいっぱいです。次女の●●も分かっているとは思いますが、献身的に私の介護をしてくれた長女に、自宅とその他の財産を多めに渡してあげたいと考え、筆を執りました。

　私が死んだあとも、姉妹仲よく幸せな家庭を築いていってください。

産を遺してあげる内容の遺言を作成しました。また遺言の最後に、家族が相続後も仲良くしてくれるように、付言事項として、自分の思いを綴りました（図表29）。

遺言がある場合とない場合

　遺言がない場合、相続が起きると民法で定められた法定相続分を基準に、相続人全員で話し合い（遺産分割協議）を行い、遺産の相続方法を決めます。逆に有効な遺言がある場合は、相続人全員の同意がないかぎり、遺言どおりの相続となります。民法は財産を遺す側の意思を尊重し、遺言を最優先させています（図表30）。

自筆証書遺言と公正証書遺言

　遺言には大きく分けて、自筆証書遺言と公正証書遺言の2つがあります。自筆証書遺言は、財産を遺したい人が自分で簡単に作成できる反面、形式に不備があると無効になってしまったり、きちんと保管されず、死後に見つからなかったりするリスクがあります。

　一方の公正証書遺言は、公証役場で公証人に作成してもらう遺言です。作成に費用がかかりますが、法的に確実に有効な遺言が作成できますし、公証役場に保管されるので安全です。こうしたことから、相続の専門家は公正証書遺言の作成を勧めています。

図表 30　遺言の有無と相続の流れ

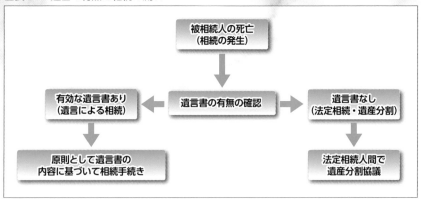

図表 31　自筆証書遺言と公正証書遺言

	自筆証書遺言	公正証書遺言
作成方法	・本人が全部自書で作成が基本だが、相続財産の目録を添付するときは、その目録については自書不要（目録各ページに署名・押印は必要） ・日付、氏名、押印（認印も可）が必要	・本人の希望をもとに、公証人が作成し、最終的に本人、証人、公証人が署名・押印する
作成場所	・どこでも可能	・公証役場（公証人に出張を依頼し、自宅や病院で作ってもらうことも可能）
保管場所	・本人が自宅の金庫などに保管 ・法務局でも保管が可能 ・弁護士などの士業や、信頼できる人に保管を依頼してもよい	・原本を公証役場で保管 ・正本を本人が保管
メリット	・作成費用がかからない ・手軽に作成できる	・改ざんや紛失の恐れがない ・法的に有効な遺言を残せる ・家庭裁判所の検認が不要 ・遺言の存在を明確にできる
デメリット	・改ざん、紛失の恐れがある ・形式に不備があると法的に無効になってしまう可能性がある ・相続開始後に家庭裁判所で検認が必要 ・死後、発見されない可能性がある	・作成に費用がかかる ・手続きが自筆証書遺言と比べると煩雑

図表 32　自筆証書遺言作成の注意点

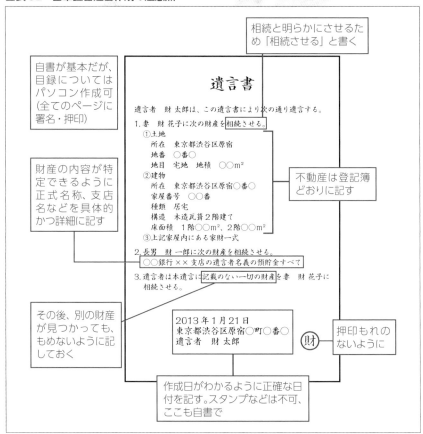

161 ページの**図表31**に、自筆証書遺言と公正証書遺言の相違点をまとめておきますので参考にしてください。

公正証書遺言の作成のために公証役場に払う費用は、遺言に書く遺産の価額が500万1円～1,000万円なら1万7,000円、5,000万1円～1億円なら4万3,000円、10億1円以上であれば24万9,000円です（以降、5,000万円増えるごとに8,000円ずつ加算）。

基礎知識：自筆証書遺言作成の注意点

自筆証書遺言は、費用もかからず手軽に作れますが、きちんと法定要件を備えていないと、後で無効になってしまうため注意が必要です。**図表32**に、自筆証書遺言を作成するにあたり、注意すべき点をまとめておきます。

遺言書を書いたほうがよい人

遺言は円満な相続を実現させる有効な手法ですが、なかでも以下のような場合は、特に効果を発揮します。

①子がいない夫婦
②特定の相続人により多くの財産を相続させたい
③家業を継いでいる子に事業を全て任せたい
④相続財産に不動産がある
⑤お嫁さんやお孫さんなど、相続人以外に財産を分けてあげたい
⑥離婚経験があり、前妻や後妻に子がいる
⑦事実婚（内縁）である
⑧法定相続人がいない
⑨財産の一部を寄付したい
⑩葬儀や埋葬の方法に希望がある
⑪ペットの世話を引き継いでもらいたい

事例② めぼしい財産が自宅しかない

健一さんの悩み

安藤健一さん（長男・52歳）は、3カ月前に母親が亡くなり、兄弟3人で相続手続きの最中です。

父親は既に亡くなっており、母親が遺してくれた財産は自宅の土地建物と、わずかな預貯金でした。長男である健一さんは母親の世話や介護を長年にわたってしてきましたので、自宅は問題なく弟たちが譲ってくれるものと考えていました。

しかし、実家にはろくに顔を出さず、ギャンブルで借金を作り、親に迷惑をかけていた次男がいました。次男は母親の相続後、突然実家に現れ、自分の法定相続分を主張してきました。

自宅は母親と同居していた健一さんが住んでおり、今後も自分の子供たちに相続させ、引き継いでいきたいと考えています。しかし次男は、売却ができないならそのぶんを金銭で渡せと激しく要求しています。

財産の分け方を工夫して争族を防ぐ

そんな健一さんのために、母親は健一さんを受取人とする生命保険に加入していました。健一さんと同居を始めたころから、将来の相続のためにと少しずつ生命保険料を支払ってくれていたのです。この生命保険のおかげで、健一さんは自宅を相続する代償として、生命保険金を他の相続人へ分配することができ、もめずにすんだのです。

図表 33　現物分割

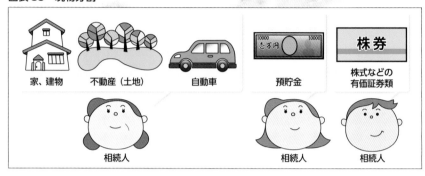

家、建物　　不動産（土地）　　自動車　　　　預貯金　　株式などの
　　　　　　　　　　　　　　　　　　　　　　　　　　　　有価証券類

相続人　　　　　　　相続人　　相続人

図表 34　代償分割

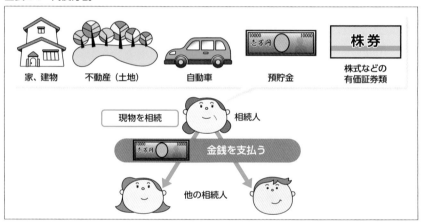

家、建物　　不動産（土地）　　自動車　　　　預貯金　　株式などの
　　　　　　　　　　　　　　　　　　　　　　　　　　　　有価証券類

現物を相続　　相続人

金銭を支払う

他の相続人

基礎知識：遺産分割の方法

遺産分割の方法は、現物分割、代償分割、換価分割の3つに大別されます。

①現物分割

最も多く行われているスタンダードな方法です。遺産を各相続人がそのまま相続します（図表33）。

②代償分割

相続財産の大半が不動産で、現物をそのまま分割することが難しい場合などに、不動産などの財産を受け取った相続人が、その代わりに金銭を他の相続人に支払う方法です（図表34）。

③換価分割

相続する不動産が空き家で使用する予定がない場合などに、財産を

図表 35　換価分割

家、建物　　不動産（土地）　　自動車　　株式などの
　　　　　　　　　　　　　　　　　　　　　有価証券類

全部または一部を売却

売却代金を分け合う

相続人　　　　相続人　　　　相続人

売却し、換金してから分割する方法です（図表35）。

換価分割は、財産の大半が不動産の方や、不動産を共有にしたくない方に向いています。

事例③　1円でも多くの財産を世話になった長女に相続させたい

鈴木さんの悩み

　鈴木裕一さん（68歳）には2人の子供がおり、妻はすでに他界しています。長男は事業に失敗して大きな借金を作り、鈴木さんにたびたびその工面を求めてきました。一方、近所に住む長女は、親孝行を長年にわたって続けてきました。

　鈴木さんとしては、できるだけ多くの財産を長女へ相続させてあげたいと考えています。しかし、遺言を作成しても、遺留分によって長男には1/4の財産を主張する権利が依然として残ってしまいます。

　できるだけ多くの財産を長女に残してあげたい鈴木さんに、何かよい方法はないのでしょうか。

生命保険の特性を生かした相続

　鈴木さんは全財産3,000万円のうち、2,000万円を使って長女を受取人とす

図表36　生命保険を活用した相続

○生命保険に加入せず、遺言で長女に財産をすべて相続させる場合

	長男	長女
遺言	なし	2,250万円
遺留分	750万円	なし
合計	750万円	2,250万円

○ 2,000 万円の生命保険に加入し、遺言で長女に残りの財産をすべて相続させた場合

	長男	長女
遺言	なし	750万円
遺留分	250万円	なし
生命保険	なし	2,000万円
合計	250万円	2,750万円

る生命保険に加入しました。さらに全財産のうち、長男の遺留分に配慮して、1/4を長男に、3/4を長女に残す内容の遺言を作成しました。

　生命保険金は受取人固有の財産となり、遺留分計算の対象とはなりません。そのため、生命保険金を除外した1,000万円の1/4に相当する250万円が、長男の相続分となります。

　生命保険に加入していなければ、3,000万円×1/4=750万円が遺留分となっていたため、対策実施により長女に500万円も多く財産を相続させることができます[2]（**図表36**）。

基礎知識：遺留分とは

　遺留分とは、法律上認められた相続人の最低限の権利をいいます。

　例えば、亡くなった父親が全ての財産を寄付するという内容の遺言を残していたとします。この内容が実現されてしまうと、残された家族が生活できなくなるなどの不都合が生じます。そのため民法は、遺言でも侵害することができない最低限の権利である遺留分を定めているのです。

　遺留分は、誰が法定相続人になるかで変わります。**図表37**に、相続人ご

2　鈴木さんの事例は、生命保険の活用法を分かりやすく説明するために、生命保険金の額を大きく設定しています。遺産に占める生命保険金の割合があまりにも大きいと、後述する「やり過ぎ（著しく不公平）」となり、生命保険金が遺留分計算の対象になってしまうことがあります。やり過ぎかどうかを巡り、裁判所の審判手続きになった場合は、被相続人や各相続人の関係（同居や介護の有無など）、経済状況などから総合的に判断されます。

図表37　相続人ごとの遺留分

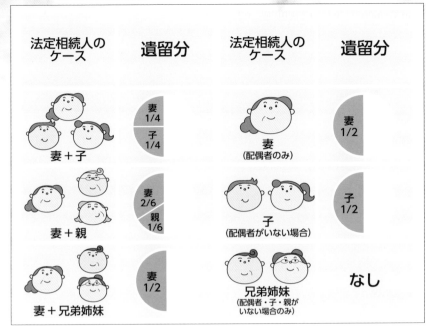

との遺留分についてまとめました。

　なお、2020年7月1日以降に発生した相続に関する遺留分は、金銭請求権となっています。

生命保険金は遺留分の計算外

　生命保険金は受取人固有の財産となり、遺留分計算の対象から除外されます。ただし、やり過ぎると遺留分計算の対象になってしまうので注意が必要です。

　例えば本書の例で、鈴木さんが全財産の3,000万円で長女が受取人の生命保険に加入すると、長男の遺留分がゼロ円になってしまいます。ここまでくると、生命保険金も遺留分の計算対象になってしまいます。[3]

　とはいえ、生命保険は特定の人により多くの財産を相続させたい場合に有効ですので、ぜひ活用してみてください。

3　生命保険金の額がどれくらいになるとやり過ぎなのか、一概には言えませんが、遺産に占める生命保険金の割合が50％を超えるような場合は、特別受益と判断されることがあり、注意が必要です。

【編者プロフィール】

株式会社実務経営サービス

実務経営サービスは、中小企業の経営支援に取り組む会計人の研究会「実務経営研究会」の事務局運営会社です。実務経営研究会は、会計事務所が中小企業にさまざまな支援を行うための研修会を多数開催しており、全国約 1400 の会計事務所が参加しています。また、会計事務所向けの経営専門誌「月刊実務経営ニュース」を発行しており、優れた取り組みをしている全国の会計事務所を広く紹介しています。

会社名：株式会社実務経営サービス
住　所：〒 170-0013　東京都豊島区東池袋 1-32-7　大樹生命池袋ビル 7F
電　話：03-5928-1945
ＦＡＸ：03-5928-1946
メール：info@jkeiei.co.jp
ＵＲＬ：https://www.jkeiei.co.jp/

相続・事業承継に強い！ 頼れる士業・専門家50選 2022年版

2021 年　11　月　30　日　　第 1 版第 1 刷発行

編　者　　株式会社 実務経営サービス
発行者　　高　橋　考
発行所　　三　和　書　籍

〒 112-0013　東京都文京区音羽 2-2-2
TEL 03-5395-4630　FAX 03-5395-4632
info@sanwa-co.com
http://www.sanwa-co.com/
編集／制作　株式会社実務経営サービス
印刷／製本　中央精版印刷株式会社

乱丁、落丁本はお取り替えいたします。価格はカバーに表示してあります。　ISBN978-4-86251-447-9　C0034

本書の電子版（PDF 形式）は、グーグル、アマゾン、楽天でお買い求めいただけます。